JAHRBUCH FÜR JOURNALISTEN
2011

APA-Coverfoto: Wikileaks-Gründer Julian Assange am 13. Januar 2011 in London.

INHALT

Trend

Ulrich Greiner/Frank Rieger/Hans Leyendecker 8
Das neue Licht der Öffentlichkeit

Tom Schimmeck 18
Verfüllungsgehilfen und Content-Akkordarbeiter

Gernot Facius 24
Grundnahrungsmittel Zeitung

Harald Martenstein 34
Nicht um jede Zeitung ist es schade

Alan Rusbridger 40
Die Aufsplitterung der Vierten Macht

Janet L. Robinson 54
Durch das Fenster auf galoppierende Pferde springen

Dean Starkman 64
Das Hamsterrad

Ausgezeichnet

Dieter Golombek 76
Warum die einen gut sind und die anderen nicht

Joachim Vollenschier 82
Essen Sie Hühnerfleisch noch mit Genuss?

Gesellschaft

Bernd Ulrich 90
Draufhauen erhöht nicht die Distanz

Giovanni di Lorenzo 96
Die paradoxe Leidenschaft zum Gleichklang

Günter Grass 100
Zynismus ohne Format

Frank Nipkau 104
Die Gier nach der Opfergeschichte bezwingen

Hannah Arendt 112
Eichmann in Jerusalem

Joachim Gauck 120
Als der Westen hinter der Mauer verschwand

Handwerk

Seymour Hersh 128
Geschichten erzählen, die noch keiner kennt

Ute Frieling-Huchzermeyer. 136
Die Pracht der Astern zeigen

Wolf Schneider 142
Bildung kann man nicht downloaden

Norbert Küpper 148
Die Titelseite wird zum Poster

Kirsten Annette Vogel. 160
Die Angst und die Freiheit

Rüdiger Dilloo/Robert Domes/Franz Josef Wagner. 168
Drahtseilakte überm Zuckerwasser der Eitelkeit

Wer sorgt eigentlich dafür, dass Elektroautos so schnell beschleunigen?

Wir machen so was.

Die Autos von morgen werden mit Strom fahren. Evonik liefert die Schlüsselbausteine dafür. Damit machen wir Lithium-Ionen-Batterien leistungsstärker, langlebiger und sicherer. Eine Zukunftstechnologie, die unseren Kunden in der Automobilbranche den entscheidenden Innovationsvorsprung verschafft. Wir sind der kreative Industriekonzern aus Deutschland für Chemie, Energie und Immobilien.

Evonik. Kraft für Neues.

Liebe Leserin, lieber Leser!

JOHANN OBERAUER, Herausgeber

„Ich will da rein!" soll Gerhard Schröder einst gerufen haben, die Hände an die Gitterstäbe des Kanzleramtes gepresst. Helmut Kohl saß schon so lange hinter diesem Zaun, dass eine ganze Generation Deutscher sich nicht mehr vorstellen konnte, ein anderes Gesicht an der Spitze des Landes zu sehen.

Die Gitternummer lief erst kürzlich wieder. Doch diesmal waren wir Journalisten nicht Beobachter und Berichterstatter. Wir waren Helmut Kohl. Wikileaks-Gründer Julian Assange hatte sich da draußen hingestellt, an unser Gitter, das unsere Meinungsfestungen so lange vor Wettbewerb geschützt hatte. Ein Platz, an dem wir unsere Rolle und Aufgabe für diese Gesellschaft ausgebreitet hatten. Mit der Veröffentlichung von mehr als 200.000 geheimen Dokumenten des US-Außenministeriums hat Assange unseren Schutzzaun schwer beschädigt, unsere Rolle als Hüter und Enthüller infrage gestellt.

Was bleibt uns? Vor allem, wenn wir Wikileaks noch zehn Jahre weiter denken und die vielen Nachahmer einschließen, die sich bereits aufgestellt haben. „Mit unseren derzeitigen Aktionen bestimmen wir das Schicksal der internationalen Medien", sagte Assange im Vorfeld seiner jüngsten Veröffentlichungen. Mag sein, dass der Wikileaks-Gründer seinen Mund etwas zu voll nimmt, wenn er seine Worte auf das Hier und Heute bezieht. Für die Zukunft sollten wir seine Warnung dagegen auf die nationalen und regionalen Medien ausdehnen. Noch haben wir Zeit zu fragen, ob wir unserer Kontrollaufgabe auch tatsächlich nachgekommen sind oder ob wir unsere Aufgabe „wegen wirtschaftlicher Probleme und zu engen Kuschelns mit den Mächtigen zuletzt nur noch zögerlich erfüllt" haben, wie Frank Rieger, Geschäftsführer des Chaos Computer Clubs, analysiert.

Google haben wir verschlafen. Wikileaks hat vorerst nur unseren Zaun beschädigt. Lassen wir es nicht zu, dass wir als Helmut Kohl Geschichte machen.

APPS, E-READER, TABLETS, IPHONE – unser Fachjargon hat sich erneut erweitert. Und vieles von dem, was wir in den vergangenen ein, zwei Jahren in der Theorie diskutiert haben, wird in diesen Wochen Realität. „Sind Tablets unsere Freunde oder unsere Feinde?", habe ich kürzlich ganz plakativ gefragt und damit die komplette aktuelle Entwicklung eingeschlossen. „Tablets sind keine Websites, keine Zeitungen, auch keine Magazine und keine Bücher", sagte mir Alfredo Trivino, Chef für Kreativprojekte im Murdoch-Konzern in London. „Tablets sind Medien, in denen alle Ausdrucksformen aufgehen: Text, Audio und Video. Und Tablets haben das Potenzial, alle anderen Medien zu ersetzen. Nicht nur Zeitungen und Magazine." Chance oder Gefahr, Freund oder Feind? Bald werden wir mehr wissen.

DIESES JAHRBUCH VERSUCHT, Ihnen mit ausgewählten Beiträgen einen Überblick zur Entwicklung unseres Berufs zu geben, etwas Licht dorthin zu tragen, wo es noch finster ist. Ich wünsche Ihnen ein helles Jahr. Ich bin überzeugt, 2011 wird extrem anspruchsvoll, aber auch extrem spannend.

In Schweden in aller Leute Munde.
In Deutschland in keinem Laden.

Snus sind kleine, mit Tabak gefüllte Beutel. Die Schweden genießen ihre entspannende Wirkung, in dem sie sich einen Beutel zwischen Lippe und Zahnfleisch klemmen. Den Deutschen bleibt dieser Genuss vorenthalten, da Snus hierzulande verboten ist. Obwohl Studien belegen, dass der Konsum von Snus zwar nicht risikofrei, aber im Vergleich zum Rauchen etwa 90% weniger schädlich ist. Deshalb meinen wir, dass das rauchfreie Snus bei der aktuellen Diskussion zum Gesundheitsschutz die ideale Möglichkeit darstellt, den Bedürfnissen aller Beteiligten gerecht zu werden. Mehr über unser Engagement erfahren Sie auf www.bat.de

TREND

Das neue Licht der Öffentlichkeit

Die Enthüllungspraktiken von Wikileaks verheißen totale Transparenz. Mit welchen Konsequenzen für die klassischen Medien, ob zum Fluch oder zum Segen der Menschheit, darüber streitet die Zunft – mit sich selbst und mit denen, die sich als „Netzbürger" begreifen. Die folgenden Beiträge stammen aus der „Zeit", der „Frankfurter Allgemeinen" und der „Süddeutschen Zeitung".

Wikileaks: Darf oder darf nicht veröffentlicht werden?

ZORRO AUF ABWEGEN

ULRICH GREINER

Mit dem Auto wurde der Autounfall erfunden, mit dem Türschloss der Dietrich und mit der Datenbank unweigerlich der Datenbankeinbruch. Insofern ist die massenhafte Veröffentlichung vertraulicher und geheimer Dokumente der amerikanischen Außenpolitik durch die Internetplattform Wikileaks nicht weiter erstaunlich. Auch wenn es jetzt so aussieht, als hätten die Datendiebe gegen die Datenschützer einen vernichtenden Sieg errungen, so ist dieser Krieg doch keineswegs entschieden, und einen endgültigen Sieger wird es wohl niemals geben.

Man muss allerdings fragen, ob das Prinzip schrankenloser Publizität dem Gemeinwohl dient oder ihm schadet. Wahr ist, dass man repressiven Regimen, die ihre Gegner drangsalieren oder gar umbringen, am ehesten durch eine stetige Veröffentlichung ihrer Untaten beikommt. Auch in Demokratien ist Politik allzu oft ein schmutziges Geschäft, und die Aufgabe einer wachsamen Öffentlichkeit, insbesondere ihrer Medien, besteht darin, kriminelle Praktiken ans Licht zu bringen.

Das Internet kann dabei helfen, die jüngsten Enthüllungen von Wikileaks jedoch sind ein anderer Fall. Die Berichte amerikanischer Botschaften an ihre Zentrale enthalten Amüsantes, Peinliches, auch moralisch Fragwürdiges, politisch Brisantes, und wer voyeuristisch veranlagt ist, wird seinen Spaß haben. Aber nichts, was die Menschheit beschäftigen müsste, steht, zumindest in Europa, auf dem Spiel.

DER KULTIVIERTE MENSCH SPRICHT IM BÜRO ANDERS ALS AM STAMMTISCH.

Auf dem Spiel steht etwas anderes, nämlich eine kulturelle Errungenschaft: die am Küchentisch Aufgeschnapptes unter die Nachbarn tragen und sich am Unheil, das sie anrichten, erbauen. Wenn Assange ankündigt, demnächst Dokumente von Banken, Energiekonzernen und Pharmafirmen zu veröffentlichen, wenn er damit prahlt, „ein oder zwei" amerikanische Banken könnten dabei untergehen, dann spielt er sich als Zorro auf, als Rächer der Entrechteten. In Wahrheit beschädigt er das kulturelle Gut der Vertraulichkeit. Es schützt ja vor allem das Individuum und seine Rechte vor dem Zugriff des Staates oder den Zudringlichkeiten der Gesellschaft.

Diskretion schützt auch die Institutionen. Kein Rechtsstaat wäre möglich, wenn jeder Stand der Ermittlungen ruchbar würde; keine wissenschaftliche Arbeit, wenn alle Schritte zu ihrem Ergebnis vorzeitig bekannt würden; und keine

> „Die Leute von Wikileaks gleichen Kindern, die am Küchentisch Aufgeschnapptes unter die Nachbarn tragen und sich am Unheil, das sie anrichten, erbauen."

Fähigkeit, zwischen verschiedenen Kommunikationsformen und Sprechweisen zu unterscheiden. Der kultivierte Mensch weiß in der Regel genau, welche Worte er unter welchen Umständen zu wählen hat. In seinen vier Wänden spricht er anders als im Büro, am Stammtisch anders als in der Konferenz. Mit mangelnder Aufrichtigkeit hat das nichts zu tun, sondern mit jener Interdependenz, die entwickelte Kulturen immer ausgezeichnet hat. Nur Kinder und Narren plappern überall dasselbe. Alle anderen aber sollten wissen, dass die differenzierte Gesellschaft ein differenziertes Verhalten erfordert. Als Vater muss ich anders sprechen denn als Vorgesetzter und wieder anders als Freund, als Geschäftspartner, als Zeuge, als Kontrahent.

Von derlei Selbstverständlichkeiten aber scheinen die Leute von Wikileaks um den Gründer Julian Assange nichts wissen zu wollen. Sie gleichen Kindern, gute Zeitung, wenn interne Verständigungen allesamt öffentlich würden. Deshalb ist die Begründung des „Spiegels" – der die Dokumente gemeinsam mit vier anderen Weltblättern veröffentlichte – nicht stichhaltig. Jetzt sei es möglich, politische Entwicklungen in den Worten der Beteiligten zu dokumentieren und dadurch die Welt besser zu verstehen, heißt es, und das sei für die Redaktion Grund genug, „staatliche Geheimhaltungsvorschriften zugunsten größerer Transparenz hintanzusetzen". Auch der „Spiegel" lebt davon, dass es geschützte interne Räume gibt.

Generell lässt sich beobachten, wie das Gegensatzpaar Öffentlichkeit/Privatheit an Bedeutung verliert. Schon 1977 konstatierte der Soziologe Richard Sennett in seinem Buch „The Fall of Public Man" „die Tyrannei der Intimität". Bezogen auf das Internet, wo eine exhibitionistische Vertrauensseligkeit sich beheimatet fühlt, müsste man von einer Lust an der veröffentlichten Intimität sprechen. Wenn aber alles öffentlich sein soll, dann ist im Grunde nichts mehr öffentlich, dann verliert der Begriff der Öffentlichkeit als Gegenbegriff zum Privaten seinen Sinn.

Als Daniel Ellsberg, Mitarbeiter des US-Verteidigungsministeriums, 1971 die Pentagon Papers veröffentlichte, die das wahre Ausmaß des Vietnamkrieges zeigten, musste er noch Tausende von Seiten eigenhändig kopieren. Heute kann jeder technisch begabte Wirrkopf fremde Computer anzapfen und mit ein paar Klicks mehr Informationen ins Netz schütten, als man lesen kann. Das Internet gleicht einem faszinierenden Spiel, dessen Regeln sich ständig verändern. Die Grenzen müssen wir noch herausfinden. Dass Wikileaks sie überschritten hat, sollte klar sein.

Der Datenschutzbeauftragte Peter Schaar hat jetzt dazu aufgefordert, weniger Daten zu sammeln. Der schöne Ratschlag wird wohl nicht viel nutzen. Allzu sehr haben wir uns an den Komfort des Computers gewöhnt. Keiner wird einen Liebesbrief oder eine Eilmeldung noch mit einem reitenden Boten überbringen wollen, abgesehen davon, dass es so viele Pferde gar nicht gibt. Nein, wir brauchen strikte Regeln, und wenn die Debatte über Wikileaks dazu führt, hätte die Affäre einen Sinn gehabt.

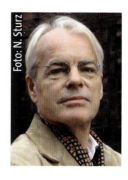

Ulrich Greiner ist Kulturreporter der „Zeit".

DAS ZEITALTER DER GEHEIMNISSE IST VORBEI

FRANK RIEGER

Aufklärung bedingt Zugang zu Wissen für alle. Dass dieses Wissen schön, erheiternd oder erfreulich ist, hat niemand versprochen. Keine der Phasen beschleunigter Aufklärung der letzten Jahrhunderte zeichnete sich durch besondere Annehmlichkeit oder Schonung des Nervenkostüms der Öffentlichkeit aus. Wissen, was wirklich passiert ist, zum Kern der Dinge vordringen, verstehen können, wie sie zusammenhängen, ist der Antrieb von Veränderung und Fortschritt.

Die glattgeschliffenen Statements, mit denen heute Politik betrieben wird, eignen sich dafür nicht. Selbst die Dialoge der Elefantenrunden aus der Ära Schmidt und Kohl erscheinen im Vergleich geradezu erfrischend ehrlich. Was besonders deutlich wird, wenn, wie nun geschehen, die Notizen aus den Hinterzimmern der Macht öffentlich werden.

MASKIERTER PROTEST VON WIKILEAKS-UNTERSTÜTZERN. Staaten haben keine Privatsphäre, sie haben Geheimnisse. Wie viele Geheimnisse sie bewahren, hängt davon ab, wie gut sie darauf aufpassen können. Die technischen Schutzvorkehrungen der Amerikaner für ihre Geheimnisse, die bei Wikileaks landeten, sind nach dem, was sich aus den jetzt hektisch verordneten Änderungen schließen lässt, eher unzureichend gewesen. Selbst in forschungsintensiven Bereichen der deutschen Industrie sind bessere technische Sicherheitsmaßnahmen installiert. Wer einmal zu Besuch in einem Entwicklungszentrum eines deutschen Autokonzerns oder einer modernen Chipfabrik war, kann sich darüber, dass sogar DVD-Brenner in den Arbeitsstationen der amerikanischen Geheimmedien ist zu stark verankert, als dass dieses Modell Durchschlagskraft entwickeln könnte. Wenn das Rohmaterial für eine Story allen zur Verfügung steht, fasst es kaum eine Zeitung an. Der Aufwand zu recherchieren wird nur für exklusive Geschichten getrieben. Auf die Kritik hin, dass Wikileaks keine Medienorganisation sei und daher nicht den gleichen Schutz wie etablierte Zeitungen genießen könne, änderte die Plattform ihre Strategie. Sie entwickelte die Geschichte um das „Collateral Murder"-Video selbst, inklusive eigener Recherchen vor Ort, Aufbereitung und Interpretation.

Die dagegen aufbrandende Kritik richtete sich gegen den vorgeblichen Mangel an Neutralität. Obwohl die Plattform ihr Ursprungsmaterial vollständig publizierte – was kein Fernsehsender tut –, wurde

„Im Kern der Wikileaks-Geschichte geht es um den technologischen Fortschritt."

Netzwerke eingebaut und USB-Anschlüsse nicht versiegelt waren, nur wundern.

Im Kern der Wikileaks-Geschichte geht es um den technologischen Fortschritt. Dass Informationen praktisch nur noch digital verarbeitet werden, dass die Datenträger zum Herausschmuggeln von großen Mengen Informationen praktisch überall verfügbar sind, ist die eine Seite. Alles, was Wikileaks bisher insgesamt publiziert hat, passt auf eine Speicherkarte von der Größe eines Fingernagels. Die andere Seite ist, dass mit dem Internet eine globale Informationsverteilungs-Infrastruktur existiert, die Anonymität und Geschwindigkeit mit unschlagbar niedrigen Kosten vereint.

Die Plattform Wikileaks selbst mutiert mit der Geschwindigkeit des Internets. Von dem früheren „dummen" Daten-Abladeplatz, auf dem sich jeder bedienen konnte, ist Wikileaks inzwischen weit entfernt. Das Exklusivitätsdenken der

ihr die wertende Aufmachung des Materials angekreidet. Die nächste Runde der Evolution der Leaking-Plattform, die Afghanistan- und Irak-Reports des amerikanischen Militärs, erfolgte in enger Zusammenarbeit mit Medienpartnern, die das Material eigenständig auswerteten und daraus Storys generierten, während Wikileaks das Rohmaterial bereitstellte.

Auf die Kritik hin, dass das Material nur unzureichend von Namensinformationen bereinigt sei, wurde bei „Cablegate" ein wiederum weiterentwickeltes Modell gewählt: Anstelle der unmittelbaren Veröffentlichung des gesamten Datensatzes werden die Depeschen häppchenweise publiziert. Es erfolgen – in der Diskussion oft übersehen – umfangreiche Löschungen von Namen und identifizierenden Details von Kontaktpersonen der Botschaften, um diese zu schützen. Es scheint, als würden die Depeschen in dem Tempo veröffentlicht, in dem die Freiwilligen von Wikileaks sie redigieren und die Medienpartner ihre Geschichten daraus ableiten können. Wikileaks bemüht sich also um einen verantwortungsvollen Umgang mit den Daten. Ob das ausreicht, wird sich noch zeigen.

VERFEHLTE KRITIK, VERPASSTE CHANCEN. Die Diskussionen der Geschehnisse um den letzten Coup von Wikileaks in den deutschen Medien sind streckenweise von bizarrer Kurzsichtigkeit und kognitiver Dissonanz geprägt. Von beleidigter Aufgeregtheit ehemals investigativer Journalisten, die nicht exklusiv an den Daten-Trog durften – aber sich dann zu fein sind, die publizierten Daten eigenständig auszuwerten –, bis zu faktenarmer Meinungsmache reicht das Spektrum. Die Kritik greift zu kurz, sie attackiert oft ein Wikileaks, das es gar nicht mehr gibt. Dabei gäbe es durchaus einiges, was zu kritisieren wäre, nicht zuletzt der mittlerweile groteske Personenkult um Julian Assange. Auch fehlt eine Erklärung für die Reihenfolge der Veröffentlichungen und der Kriterien, nach denen sie redigiert werden.

In diesem Punkt hat sich auch der Wikileaks-Medienpartner „Der Spiegel" nicht mit Ruhm bekleckert. Außer ein paar unscharfen Andeutungen war wenig zu erfahren. Auch die eher zähe Aufbereitung des Materials und der mangelnde Mut zur eigenen Publikation der Originalquellen zeugen von den Schwierigkeiten, der eigenen Rolle und der Situation gerecht zu werden. Bisher hat nur der britische „Guardian" die Chance zum Aufbau einer neuen Legitimität der Medien enthusiastisch ergriffen und neue Wege bei Aufbereitung, Analyse, Kooperation mit den Lesern und Nachrecherche entwickelt. Die Frage nach Wikileaks ist auch die Frage nach der Zukunft der etablierten Medien, nach ihrem Geschäftsmodell und den Grundlagen ihrer Arbeit – finanziell, ideell, ethisch und gesellschaftlich.

Die Radikalität des Wikileaks-Ansatzes liegt also auch in der dynamischen Lernfähigkeit des Publikationsmodells. Ob diese Flexibilität unter den Bedingungen der Attacken der amerikanischen Politik und des manischen Medieninteresses an Assanges Privatleben und seinen juristischen Problemen in Schweden aufrechterhalten werden kann, wird sich zeigen.

DER GEIST IST AUS DER FLASCHE. Doch selbst wenn es den Vereinigten Staaten gelingen sollte, Wikileaks lahmzulegen – es wäre ein Pyrrhussieg. Das bleibende Verdienst des Julian Assange und seiner Mitstreiter ist es, gezeigt zu haben, dass die richtige Kombination von Technologie, Mut und Konsequenz das etablierte Modell der Öffentlichkeitsherstellung verändern kann. Die grassierende Geheimniskrämerei, die die Welt im Namen der Sicherheit nicht erst nach dem 11. September 2001 befiel, hat ihre vorläufige Grenze in der Digitalisierung aller Informationsabläufe gefunden. Natürlich werden nun neue Hürden errichtet, die Schlampereien beim Umgang mit sensiblen Informationen abgebaut und, wenn die Hardliner in den Vereinigten Staaten ihren Willen durchsetzen, zur Abschreckung ein paar Vorreiter ans Kreuz genagelt. Aber der Geist ist aus der Flasche.

Überall auf der Welt sprießen Wikileaks-Alternativen aus dem Netz. Ihr technisches Niveau ist unterschiedlich. Konkurrenz belebt das Geschäft, auch wenn es für potenzielle Leaker künftig mühsamer wird, eine vertrauenswürdige Plattform auszuwählen. Einige der neuen Plattformen scheinen die nächste Stufe des iterativen Lernens aus den bisherigen Wikileaks-Erfahrungen zu realisieren und die Rolle der Medien stärker zu berücksichtigen – wenn sie nicht sogar direkt von Zeitungen betrieben werden. Andere Projekte werden vielleicht radikalere Wege gehen – und die moderierende Rolle der traditionellen Medien außen vor lassen. Je härter und illegaler aber nun gegen Wikileaks vorgegangen wird, desto radikaler und rücksichtsloser werden die Nachfolger agieren. Die Technologie, eine virtualisierte, anonyme

Leaking-Organisation zu bauen, ist vorhanden. Vielleicht würde so ein Zusammenschluss sich auch eine virtuelle, 3-D-animierte Frontfigur statt eines menschlichen Sprechers geben. Die müsste dann praktischerweise auch nicht um Leib, Leben und Freiheit fürchten.

Die Auseinandersetzungen im Netz um Wikileaks werden gern zum „Cyberwar" stilisiert, einem ebenso dramatisch klingenden wie inhaltsleeren Kunstwort. Die „Cyberwar"-Strategien, seit Jahren debattiert von Militärs und Geheimdienstlern, beschäftigen sich meist mit einem „Digitalen Pearl Harbor" oder ähnlichen Doomsday-Szenarien, die von umfangreichen Netzwerkangriffen zur nachhaltigen Zerstörung kritischer Infrastruktur ausgehen. Die jetzigen Auseinandersetzungen muten aber eher wie

das rechtliche Eis ist, auf dem sich etwa Paypal hier bewegt, zeigt das schnelle Einknicken und Freigeben der Spendengelder, sobald die Wau-Holland-Stiftung, die einen Teil der Wikileaks-Spenden verwaltet, ihren Anwalt losschickte.

Die losbrechende Wut aus dem Netz, die sich in Boykottaufrufen und Blockade-Angriffen gegen Amazon und die Zahlungsdienstleister äußerte, ist auch nicht Teil eines Krieges. Kriege werden von Staaten gegeneinander geführt und richten erhebliche Verwüstungen an. Schon ein Vergleich des technischen Niveaus einer echten Cyberwaffe, wie etwa des Stuxnet-Wurms, der die iranischen Urananreicherungszentrifugen sabotierte, mit den einfachen Programmen, die von den spontan agierenden Blockierern eingesetzt wurden, macht klar, dass es hier nicht um kriegerische Auseinander-

„Die schmutzige Wahrheit ist, dass das Internet kein öffentlicher Raum ist."

Wirtshausschlägereien an. Gegen diffuse, nicht hierarchisch oder staatlich organisierte Gegner gibt es keine „Cyber-Strategie", keine „digitale Abschreckung" in der Tradition des Kalten Krieges.

VERGEBLICHE BLOCKADEVERSUCHE. Die durch keine gesetzliche Grundlage legitimierten Aktivitäten der Vereinigten Staaten gegen die unliebsame Publikation sind am ehesten vergleichbar mit dem Versuch, eine Zeitung einstampfen zu lassen, den Vertrieb zu verhindern und das Geld aus dem Verkauf zu beschlagnahmen. In der Print-Ära wäre das vermutlich sogar gelungen. Druck und Vertrieb, das sind heute die Internetserver-Anbieter wie Amazon, die genötigt wurden, Wikileaks von ihren Servern zu werfen. Der Geldfluss – im Falle von Wikileaks die Spenden – wurde durch Einfluss auf das Quasi-Oligopol Mastercard, Visa und Paypal unterbrochen. Wie dünn

setzungen geht. Die Websites der Kreditkartenunternehmen waren nur für eine Weile nicht erreichbar, genau wie zuvor die Hauptseite von Wikileaks, die von nach eigener Beschreibung staatstreuen amerikanischen Online-Vandalen blockiert worden war.

Dass sich die Auseinandersetzung um Wikileaks auch auf die Ebene der Infrastruktur ausgedehnt hat, auf Domains, Webserver und Geldflüsse, ist nicht verwunderlich. Die schmutzige Wahrheit ist, dass das Internet kein öffentlicher Raum ist und die Öffentlichkeit im Netz zu einem guten Teil von der Gnade der Firmen abhängt, die die Server beherbergen, Datenströme weiterleiten und Geldflüsse transportieren. Die Rechtslage, nach der gerade Publikationen in den Vereinigten Staaten den weitreichenden Schutz des ersten Verfassungszusatzes genießen, spielte plötzlich keine Rolle mehr. Viele der großen Internet-Firmen operieren von Amerika aus und sind auf das Wohlwollen der Regierung angewiesen. Die nutzte diese Abhängigkeit in ihrer ersten Angriffswelle gegen Wikileaks aus – völlig ohne Rechtsgrundlage. Geholfen hat es wenig, die Wikileaks-Server sind nun auf Tausenden Rechnern rings um den Planeten gespiegelt. Aus dem Netz zu bekommen sind die Informationen nicht mehr. Die Frage ist, welche Route die amerikanische Regierung als Nächstes wählt, um die missliebigen Leaker mundtot zu machen.

EUROPA DARF NICHT WEGSCHAUEN. Die europäischen Regierungen sind in der Pflicht, moderierenden Einfluss auf ihre Partner jenseits des Atlantiks auszuüben – und nicht beide Augen zuzudrücken, falls diese zu illegalen Aktionen greifen. Falls die Vereinigten Staaten mit den von „Anti-Terror-Operationen" gewohnten außergesetzlichen Methoden wie Entführungen, geheimdienstlichen Tötungen, Zersetzung und Sabotage agieren, wie von diversen Politikern dort verlangt, wird das der Auslöser für eine weltweite Protestbewegung sein, die sich auch gegen europäische Regierungen wenden wird.

Wer, sobald es ihn selbst betrifft, die Ideale der Aufklärung und das Grundrecht der Meinungsfreiheit schleift, wird sich nicht wieder auf sie berufen können. In den kommenden Auseinandersetzungen mit Russland und China wird es nicht zuletzt um die Attraktivität des Gesellschaftssystems gehen. Dass aus dem Büro des russischen Präsidenten Medwedjew der Vorschlag lanciert wurde, Julian Assange für den Friedensnobelpreis vorzuschlagen, zeugt davon, dass Russland die ideologische Verwundbarkeit des Westens an dieser Stelle erkannt hat. Wegschauen oder stillschweigende Zustimmung zu einem Amoklauf der Amerikaner gegen Wikileaks würde keiner europäischen Regierung verziehen. Spätestens wenn beim nächsten Leak die entsprechenden Dokumente ans Tageslicht kommen, wird die Frage, wer sich in dieser Frage wie verhalten hat, gestellt. Jeder Vorstoß zum Aufbau von Informationskontrolle und Zensur im Netz wird künftig im Kontext Wikileaks gesehen werden. Es gibt keine Diskussion über Netzsperren oder Sperrlisten mehr, in der die Causa Wikileaks nicht eine entscheidende Rolle spielt.

ABBAU DER GEHEIMNISPOLITIK. Die Regierungen des Westens sollten anfangen, die nunmehr drängenden Probleme zu lösen. Als Erstes gilt es herauszufinden, wie man mit wesentlich weniger Geheimnissen effektiv regieren kann. Der schiere Umfang dessen, was heute sinnloserweise als schutzwürdig gilt, macht es unmöglich, Leaks zu verhindern. Wenn man sich darauf beschränkt, wirklich kritische Informationen – etwa die Namen von Dissidenten in diktatorischen Regimen – geheim zu halten, so kann man diese auch effektiv schützen. Für den überwiegenden Rest der Vorgänge gilt es, Formen des Regierens zu finden, die nicht gleich in eine tiefe Krise stürzen, wenn die Öffentlichkeit die Details erfährt. Regieren unter den Bedingungen der digitalen Transparenz – die die Sicherheitsbehörden ja den Bürgern so gern verordnen würden – ist die Herausforderung für das nächste Jahrzehnt. Mehr Offenheit und Ehrlichkeit hätten auch einen weiteren Vorteil: Es gäbe weniger frustrierte, gewissensgeplagte potenzielle Leaker – und vermutlich wieder mehr Wähler.

Am Ende bleibt eine Erkenntnis: Leaken ist möglich, mit ein wenig Mühe und Vorsicht auch ohne großes persönliches Risiko. Und die Anzahl von Menschen, die für Regierungen und Großunternehmen an Computern arbeiten und Probleme damit haben, die zynische, teilweise menschenverachtende Realität ihres Arbeitsalltags mit den postulierten Idealen zu vereinbaren, wächst. Gründe gibt es viele. Die Sinn- und Ausweglosigkeit der endlosen Kriege. Das eskalierende Sicherheitstheater, das sich weniger gegen die Terroristen als gegen die Freiheit des Einzelnen richtet. Die auch in westlichen Ländern um sich greifende systemische

Korruption und Vorteilsnahme. Die nahezu vollständige Abwesenheit von Ehrlichkeit in Politik und Geschäftsleben. All das führt unweigerlich zu einem Aufbegehren.

Es braucht Öffentlichkeit, die reinigende Kraft des Sonnenlichts, um Korruption, schattige Deals und ethische Verkommenheit im Zaum zu halten. Dass die traditionelle Presse, der diese Funktion eigentlich zukam, ihre Aufgabe wegen wirtschaftlicher Probleme und zu engen Kuschelns mit den Mächtigen zuletzt nur noch zögerlich erfüllt, ist bedauerlich. Durch das Aufkommen funktionierender Leaking-Plattformen haben Menschen, denen das Gewissen noch nicht abhandengekommen ist, ein Ventil für ihre Gewissensnot, ein Mittel gegen die Verzweiflung am Zustand der Welt und eine Möglichkeit, diejenigen, die dafür verantwortlich sind, zur Rechenschaft zu ziehen. Es besteht kein Zweifel daran, dass sie es nutzen werden.

Frank Rieger ist Geschäftsführer des Chaos Computer Clubs.

DAS GUTE IM BÖSEN UND DAS BÖSE IM GUTEN

HANS LEYENDECKER

Ein tüchtiger Hacker, der vor dem Irak-Krieg 2003 die Welt mit den Depeschen amerikanischer Botschaften versorgt hätte, wäre auf die angeblich kurz bevorstehende Apokalypse gestoßen: Die US-Mission in Rom hätte gemeldet, die irakische Regierung habe bereits 1999 in Afrika heimlich große Mengen Yellow Cake, also pulverisiertes Uran, für den Bau einer Atombombe geordert. Auch sei der italienische Militärgeheimdienst Simsi besorgt. Die US-Botschaft in London hätte die Geschichte von Saddams Bombe noch kräftig angedickt. Todsicher.

Vielleicht hätte die US-Auslandsvertretung in Brüssel unter Verweis auf eine absolut verlässliche Quelle dem Außenministerium in Washington mitgeteilt, die irakischen Raketen seien schon bald abschussbereit. An C-Waffen und sogar Biowaffen mangele es dem Diktator Saddam Hussein auch nicht. Alles zusammengenommen macht zwei Jahre bis Doomsday, höchstens.

Die Alarm-Depeschen der Diplomaten wären zwar, ebenso wie die jetzt veröffentlichten US-Botschaftsberichte, echt gewesen. Aber hätte die Hackerei auch nur einen Zipfel der Wahrheit ans Licht gebracht? Oder wäre die Welt durch neue Lügengeschichten noch weiter in die Irre geführt worden?

Da die Antworten für den Zeitraum 2002/2003 bekannt sind, drängen sich, trotz des Regierungswechsels in Washington, einige Fragen für 2010 auf: Was sollen Botschaftsberichte wem beweisen?

In welchem Zusammenhang wurde etwas gesagt, handelt es sich bei dem Informanten und bei dem Verfasser der jeweiligen Depesche um Wichtigtuer oder um korrekte Leute? Was war nur verdichtetes Zeitungswissen, und stimmte dieses Wissen der Zeitungen überhaupt?

GEHEIMNIS UND TRANSPARENZ. Die durch das Enthüllungsportal Wikileaks ausgelöste Diskussion dreht sich vorzugsweise um Geheimnis und Macht, um die totale Transparenz, die grenzenlose Blogosphäre und das Internet überhaupt. Aber es geht auch um die Verlässlichkeit von Quellen und darum, ob und wie abgezapfte Datensammlungen den Journalismus verändern können.

Die sich ölfleckartig in den Medien ausbreitende Debatte findet derzeit im Zwielicht von Argwohn und Komplizenschaft, Glorifizierung und Verachtung, Furcht und Überschätzung statt. Mitunter stehen sich Internet-Fans und klassische Journalisten fast unversöhnlich gegenüber.

„Mit unseren derzeitigen Aktionen bestimmen wir das Schicksal der internationalen Medien in den kommenden Jahren", tönte vor Wochen Julian Assange, Mitbegründer und Sprecher von Wikileaks. Kleiner mag es der 39-Jährige selten. Er gibt sich nicht wie David, sondern wie der Goliath der neuen Zeit.

Er ist aber auch eine Symbolgestalt, ein moderner Robin Hood, vor allem für die Jungen. Wer liest, wie einhellig die Netzgemeinde bei Facebook oder in den Kommentaren der Zeitungsportale aufseiten von Assange steht, stellt fest, dass auch hier eine Lagerbildung stattgefunden hat.

Hier die Älteren, auch die älteren Journalisten, die den radikalen Ruf nach Offenheit skeptisch sehen. Dort die Jungen, die sich über die Wikileaks-Verfolgung ähnlich empören wie die Alten damals, 1962, über die Spiegel-Affäre.

Hans Leyendecker leitet das Ressort Investigative Recherche bei der „Süddeutschen Zeitung".

TREND

Verfüllungsgehilfen und Content-Akkordarbeiter

Der Journalismus verelendet, Journalisten werden „so allmählich zum Prekariat des Kommunikationsgewerbes". Tom Schimmeck sieht schwarz für die Zukunft des Berufsstandes, weil zu viele in möglichst kurzer Zeit für möglichst viele Kunden zu viel Stoff produzieren müssen.

Tom Schimmeck war Mitbegründer der „taz" und arbeitet jetzt als freier Autor. Die folgende Passage ist seinem Buch „Am besten nichts Neues. Medien, Macht und Meinungsmache" entnommen.

Der deutsche Verleger redet nie wie ein Montgomery. Aber er handelt oft wie einer. Weshalb auch hierzulande immer weniger Redakteure die Seiten und Kanäle befüllen, immer weniger unserer Korrespondenten im In- und Ausland noch reguläre Gehälter beziehen. Die schreiben zum Überleben schon mal drei Artikel pro Tag, für zehn verschiedene Organe. Der Druck wird durchgereicht – bis zum letzten, schwächsten Glied: den „freien" Journalisten. Viele gefragte Autoren und Experten mit langjähriger Erfahrung sind darunter. Dennoch fallen ihre Honorare seit Jahren. Etliche Verlage, auch die vermeintlich seriösen, zwingen den Urhebern, Schreibern wie Fotografen, inzwischen Verträge auf, die sie in seitenlangen Klauseln sämtlicher Rechte an ihrem Werk berauben, von der Verfilmung bis zum Weiterverkauf im In- und Ausland – im Fachjargon treffend „Total Buyout" genannt. Das Standardargument lautet: „Mehr ist nicht drin."

Was sich schnell zu einem „Friss oder stirb" verschärft. Journalistenorganisationen wie DJU, DJV und der Fotografenverband Freelens haben dagegen 2009 geklagt und sogar obsiegt – gegen Verlage wie Springer und Bauer, auch gegen den besonders dreisten Nordkurier in

Mecklenburg-Vorpommern, der von seinen freien Mitarbeitern die Abtretung sämtlicher Nutzungs- und Eigentumsrechte verlangte – ohne zusätzliches Honorar. Der Trend zur ewigen Allround-Nutzung einmal bezahlter Leistung scheint gleichwohl ungebrochen. Ihre Rechte hingegen wollen sich die Verlage nun von der Politik durch ein „Leistungsschutzrecht" sichern lassen. Der Gegner hier heißt Google. Der Schutz gilt dabei nicht denen, die kreative Leistung erbringen, sondern jenen, die daran verdienen. Und eben diese Leistung immer miserabler bezahlen.

Journalisten werden so allmählich zum Prekariat des Kommunikationsgewerbes, verdammt zum Wiederkäuen der zirkulierenden Worthülsen und Soundbytes. Tausende sind arbeitslos.

bern gezwungen, die unserem Gewerbe nicht angemessen ist." In einer Umfrage des Deutschen Journalisten-Verbandes (DJV) 2009 berichteten 43 Prozent der befragten „Freien" von einem „signifikantem Auftragseinbruch", bei den Fotojournalisten waren es 51 Prozent. 44 Prozent der Tageszeitungsjournalisten hatten ihren Hauptauftraggeber verloren.

Selbst die Sehnsucht vieler junger Leute, „irgendwas mit Medien" zu machen, wird derweil zum Geschäft. Binnen zehn Jahren, mahnte der Wissenschaftsrat 2007, habe sich die Zahl der Studierenden in den Kommunikations- und Medienwissenschaften auf knapp 55.000 fast verdoppelt. Universitäten, Fachhochschulen, Privatunis und andere Einrichtungen offerieren eine immense Zahl von Studiengängen – wobei die Bereiche

„Fast jeder zweite Freiberufler übt eine Nebentätigkeit aus, um seinen Lebensunterhalt bestreiten zu können."

Unzählige finden selbst bei vollem Einsatz kaum mehr ein Auskommen. Eine Münchner Studie kam 2008 zu dem Schluss: „Fast jeder zweite Freiberufler übt eine Nebentätigkeit aus, um seinen Lebensunterhalt bestreiten zu können. Hauptarbeitsgebiete sind dabei PR und Werbung." Viele können nur bestehen, indem sie für möglichst viele Kunden in möglichst kurzer Zeit möglichst viel Stoff produzieren. Die eigentliche journalistische Arbeit – das Nachhaken, Nachdenken, Nachlesen – wird dadurch zum seltenen Luxus. „Wie viele unserer Professionsgenossen sind gezwungen, unter ihren geistigen Verhältnissen zu schreiben, zu recherchieren, zu redigieren!", klagt der Publizist Klaus Harpprecht. „Das gilt zumal für die sogenannten ‚Freien', in Wahrheit Knechte der Zeilen- oder Minuten-Honorare, oft zu einer Devotion gegenüber den Brotge-

Journalismus, Public Relations und „Medienmanagement" oft fröhlich durcheinandergehen. So bietet die Fachhochschule Gelsenkirchen den „Bachelor-Studiengang Journalismus und Public Relations", die Fachhochschule Hannover das Fach „Journalismus und Öffentlichkeitsarbeit". Überdeutlich warnen die Experten vor beliebiger Vermanschung der Bereiche: „Der Wissenschaftsrat hält eine planlose Kombination von Elementen aller drei Ausrichtungen in den Studiengängen oder ein modisches Umetikettieren etablierter Studiengänge in solche für Medien für nicht länger akzeptabel." „Die Hochschulen folgen modischen Trends", meint auch der Leipziger Journalismus-Professor Michael Haller: Sie „verwässern früher klar getrennt begriffene Ausbildungswege, etwa den in Richtung PR und den in Richtung Journalismus". Dabei handele es sich „oftmals um

Etikettenschwindel: Es ist nicht drin, was draufsteht." Die Folge: Tausende verlassen die Ausbildungsstätten mit großen Träumen, vagen Vorstellungen und kleinen Chancen. Sie müssen um Aufträge buhlen, Praktika in endloser Serie absolvieren. Während Arbeitsplätze im Journalismus weiter entwertet und zusammengestrichen werden.

„CHURNALISM". Journalist – das ist mittlerweile ohnehin ein recht hochtrabender Begriff für jene Kräfte an den medialen Fließbändern, die der moderne Verlagsmanager vor Augen hat. „Content-Akkordarbeiter" oder „Verfüllungsgehilfe" wäre passender. Verlangt werden „hohe Flexibilität" und „ständige Erreichbarkeit", erwünscht sind nahtloses Management des „individuellen Nachrichtenfeeds" und perfekte Integration in den „redaktionellen Workflow". Dazu die Beherrschung aller Techniken: Redaktionssysteme, Datenbanken, Ton, Bild, Video, Internet. Denn die Zukunft, das hören der Verlagsmanager, der Redaktionsleiter und sein Controller von jedem Unternehmensberater, sei crossmedial, der Journalist künftig nur effektiv einsetzbar, wenn er in Echtzeit alle Medien bedienen kann, sprich: zu jedem beliebigen Sujet auf Zuruf blitzschnell Bericht und Kommentar für Print, Radio und TV zaubert und dazu parallel noch bloggt. Der Rest wird mit „user generated content" verspachtelt, von Leserreportern honorarfrei geliefert. Und mit all dem PR-Material, das täglich massenhaft anbrandet. Fertig ist das neue Medienprodukt.

Der Journalist neuen Typs gewährleistet die Dauerfütterung der Medienkonsumenten auf allen verfügbaren Kanälen. Er gibt in der multimedialen Manege den Content-Kasper. „Der künftige Journalist, der Manchester-Journalist", schwante es Heribert Prantl schon 2007, „könnte also eine Art Trommelaffe sein: Mit den Händen patscht er die Tschinellen zusammen, mit den Ellenbogen schlägt er die Trommel auf seinem Rücken, an die Füße kriegt er ein paar Klappern und Rasseln, in den Mund steckt man ihm eine Trompete. Dieses Konzept hat einen Namen: Geschäftsführer und innovationsbesoffene Chefredakteure sprechen vom ‚multifunktionalen Journalisten'." Recherche ist hier kaum mehr vorgesehen. Der Redakteur googelt, schaut hastig die Meldungen durch, nebenbei auch TV, und hetzt den Praktikanten zur Pressekonferenz. Das muss reichen an eigenem Erleben. Der rasende Reporter? Rast heute an keinen Ort des Geschehens mehr, sondern nur mal schnell vom Schreibtisch zum Klo.

Der Stress der „überschnellen Medien" (Peter Sloterdijk) wächst. „Wir sind der Tyrannei der Aktualität unterworfen", klagt „Monitor"-Chefin Sonia Mikich, „wir haben keine Zeit mehr zu zweifeln. Der Satellit wartet. Ambivalenzen, Grautöne, Widersprüche – sie werden in den Schlagzeilen und Sondersendungen weggeballert." Keine Zeit für eigene Recherchen mehr, weil ständig auf Sendung. Per Satellit, piep, piep. TV-Leute erleben die bizarren Nebenwirkungen des Tempojournalismus besonders intensiv. Sie springen in den Scheinwerferstrahl. Und ab. Schon müssen sie drauflosreden, erzählen, was sie gerade gehört haben, ein wenig mutmaßen und spekulieren. Und die Fragen beantworten, die dem Moderator am anderen Ende gerade in den Kopf kommen. Das kann erhellend sein. Meist ist es versendet und vergessen. Ein Aktualitätsblitz: Für einen Augenblick wird ein Ereignis, eine Person, ein Ort grell ausgeleuchtet – nur um hernach in noch tieferer Finsternis zu verschwinden.

Tempo, Tempo. Wie bei Pawlow: Das Licht geht an, der Speichel fließt. Der reitende Bote brauchte einst Tage und Wochen. Der Telegraf lieferte das Wichtigste schon binnen Sekunden. Nun sind wir gleichzeitig überall, via Internet und Satellit. Bilder, Töne, Instant Message, alles live. News from everywhere. Wir wissen Bescheid. Wir haben die Welt im Griff. Das Tempo als Fetisch. Denn Geschwindigkeit ersetzt kein Verstehen. Im Gegenteil. In der Informationsflut ersäuft der

Überblick. Es wächst die Überforderung, die Angst. Die meisten Menschen wissen über die Lage in 212 der 213 Staaten dieser Welt allenfalls rudimentär Bescheid. Von etlichen kennen sie nicht einmal den Namen. Die Welt ist globalisiert, vernetzt und komplexer denn je. Doch sie wird nicht greifbarer. Sie schnurrt zusammen auf die dreistesten Typen, die grellsten Bilder, die lautesten Explosionen. Der Rest ist Rauschen.

Das Phänomen des Echtzeitjournalismus hat auch einen wirtschaftlichen Grund: Daherreden kostet weniger als Nachforschen. „Meinungsberichterstattung ist eben billiger als Tatsachenberichterstattung", sagt John Lloyd, Director of Journalism am Reuters Institute for the Study of Journalism in Oxford. Immer weniger Korrespondenten und den, festgekettet an einer Tastatur, wo sie Triviales und Klischees aufschäumen, um Platz im Blatt zu füllen." Davies hat ein neues Schimpfwort kreiert: „Churnalism".

WILLKOMMEN IN DER LEGEBATTERIE. Selbst in der britischen Qualitätspresse, enthüllt der „Guardian"-Mann, bestünden 54 Prozent der Berichterstattung ganz oder teilweise aus PR-Futter. Extrem sei die Situation in der Auslandsberichterstattung: In rund 80 Ländern auf dieser Erde hätten die Agenturen AP und Reuters keine Büros. Da aber 80 bis 85 Prozent der Berichte auf den wichtigen britischen News-Websites von den Agenturen kommen, blieben große Teile des Globus dauerhaft im Dunkeln. „Die Welt weiß nicht, was in der Welt los ist", so Davies.

„In der Ära des rasanten Contents dient der Journalist als Zweit-, Dritt-, Viertverwerter von Info- und Unterhaltungsbrocken."

Redakteuren bleibt Raum, das Geschehen zu gewichten. Sie treiben mit im großen Strom der Meldungen und Bilder, die der internationale News-Großhandel 24 Stunden am Tag, sieben Tage die Woche, liefert. Sie produzieren nonstop; sichten, mischen und platzieren vorgefertigtes Material, in immer kürzeren Intervallen. In der Ära des rasanten Contents dient der Journalist als Zweit-, Dritt-, Viertverwerter von Info- und Unterhaltungsbrocken, die er mit ein paar flotten Mausklicks und Tastenhieben in Form bringt. „Es ist inzwischen eine gängige Erfahrung unter jungen Journalisten", schreibt der britische Journalist Nick Davies in seiner wunderbaren Abrechnung „Flat Earth News", „dass sie, brennend vor Enthusiasmus, mit einem Journalismus-Abschluss von der Uni kommen, nur um bald in der Fertigungsstraße einer Nachrichtenfabrik zu lan-

Bei diesem Befund nicken viele Journalisten weltweit. In den letzten Jahren setzte unter Auslandskorrespondenten eine Debatte über die schwindende Güte ihrer Arbeit ein. Nur die ARD, das ZDF und wenige Zeitungen leisten sich überhaupt ein Korrespondentennetz. An der sogenannten „Nachrichtenperipherie" – in Lateinamerika, Afrika, Zentralasien und im pazifischen Raum – sind sie oft gar nicht vertreten. Westeuropa, die USA und der Nahe Osten sind notorisch überrepräsentiert. Der Trend zur Vereinheitlichung, zum beliebig reproduzierbaren Klischee greift auch hier. 2008 brach der renommierte Korrespondent Ulrich Tilgner mit dem ZDF. Begründung: Seine Auslandsberichterstattung werde zunehmend eingeschränkt und deshalb immer oberflächlicher. „Ich möchte keinem redaktionellen Druck nachgeben, der Konzessionen bedeutet, die ich nicht mehr eingehen mag", sagte Tilgner. Wiederholt war er gerügt worden, weil Berichte aus dem Iran, Afghanistan und anderen Ländern von den fixen Vorstellungen der Mainzer Zentrale abwichen. Zudem sah er die materielle Basis für anständige Arbeit beschnitten. Immer mehr Berichte entstünden virtuell, getextet auf Agenturmaterial, oder „eingebettet" – in den Rahmen offizieller Politikervisiten. Tilgner: „Unabhängige Langzeitreisen und -recherchen werden von Redaktionen kaum noch finanziert." Auch die extrem eingespannten deutschen Radio-Korrespondenten berichten inzwischen von Schreibtischjournalismus unter Vortäuschung eigenen Erlebens: dass sie etwa mit Tönen der BBC und allerlei Geräuschtricks Authentizität vortäuschen – aber tatsächlich gar nicht vor Ort waren. „Überall muss man auf das Insider-Syndrom aufpassen", warnt Klaus-Dieter Frankenberger, Auslandsressortleiter der „Frankfurter Allgemeinen Zeitung", bei einer Journalistentagung. „Alle einigen sich auf eine Interpretation, und der, der dieser nicht folgt, ist entweder ein Radikaler oder ein Verrückter."

Auch daheim wird eine immer dünnere News-Suppe ausgeteilt. Laut einer im Sommer 2009 veröffentlichten Studie der Universität Münster haben 55 Prozent der Journalisten weniger Zeit für Recherche, nur 6 Prozent mehr. Der Aufwand für Nachforschungen, ermittelte auch der Hamburger Journalismus-Professor Siegfried Weischenberg, sank von täglich 140 Minuten (1993) auf 117 Minuten (2005). Für Überprüfungsrecherchen – die Quellenkontrolle und das Gegenchecken von Informationen – bleiben im Schnitt gerade noch elf Minuten am Tag, entdeckten die Leipziger Journalismus-Forscher Marcel Machill, Markus Beiler und Martin Zenker im Rahmen einer Beobachtungsstudie unter 235 Mitarbeitern bei Tageszeitungen, Hörfunk, TV und Onlineredaktionen. Das Prüfen der Fakten, folgern sie, sei „zum Luxus" geworden: „Der Journalist weiß sich oft nicht mehr anders zu helfen, als bei der Inhaltsproduktion auf informationelles Junkfood, wie etwa Pressemitteilungen, und Nachrichtenagenturinhalte zurückzugreifen." Kein Wunder, dass der Kontakt mit der Wirklichkeit für den Durchschnittsjournalisten langsam gegen null geht. Die Studie bestätigt: Die Journalisten klicken sich durch die Welt, sie kommen nicht mehr hinaus. Ortstermine und Gespräche mit leibhaftigen Menschen halten an der ohnehin dürftigen Recherchezeit einen Anteil von 1,4 Prozent.

Im Buch belegt Schimmeck seine Ausführungen mit Fußnoten. Sie werden hier aus Gründen der besseren Lesbarkeit weggelassen.

Grundnahrungsmittel Zeitung

Nach wie vor genießen Zeitungen hohe Glaubwürdigkeit. Sie informieren und orientieren in einer Welt, die immer komplizierter wird. Gernot Facius kann sich deshalb eine Gesellschaft ohne ihr „Grundnahrungsmittel Zeitung" nur schwer vorstellen.

Der Autor Gernot Facius war stellvertretender Chefredakteur der „Welt" und Mitglied der Jury des Theodor-Wolff-Preises. Sein Beitrag ist erschienen im Jahrbuch „Zeitungen 2010/2011", das vom Bundesverband Deutscher Zeitungsverleger herausgegeben wird.

Gregor Z. wacht auf, nach einer unruhigen Nacht. Es war spät geworden am Vorabend, die Stadtratssitzung hatte sich in die Länge gezogen. Wichtige Grundsatzentscheidungen standen zur Debatte: die Umgehungsstraße, die endlich den Stadtkern entlastet; die Verlegung einer Haltestelle, die sich zu einem Gefahrenpunkt entwickelt hat; der Bau eines modernen Schlachthofs, der nicht wie der alte die Luft verpestet. Jetzt will Gregor Z. wissen, was dabei herausgekommen ist. Schwarz auf weiß. Im Morgenmantel öffnet er die Haustür. Ein Schock: Die Zeitung fehlt, das vertraute Blatt ist nicht gekommen.

Es kommt überhaupt nicht mehr. Es ist verschwunden, untergegangen wie der kleine Laden um die Ecke. Wer moderiert jetzt das Stadtgespräch? Gregor Z. muss warten, bis andere Medien, Lokalfunk, Websites, Blogs, die Informationen liefern – sofern die Macher sie für relevant halten.

Eine fiktive Situation, gewiss. Eine Schreckensvision. In Teilen der USA ist sie freilich längst Wirklichkeit. Eine Welt ohne die gedruckte Zeitung, nur noch mit Radio, Fernsehen und Blogs? Der Alltag der Menschen würde ein anderer sein. Vor allem im Nahbereich. Sie können, solange es die Zeitung gibt, selbst entscheiden, ob sie über ein Thema viel oder wenig erfahren möchten – und das alles in ihrem gewohnten Tempo. Oder wie sich ein User in einem Internetforum ausdrückt: „Weil einen nicht immer nur die globalen, sondern auch die lokalen Nachrichten interessieren."

Wie sehr die Zeitung vermisst wird, wenn sie längere Zeit nicht erscheint, das hat sich in den 1980er-Jahren während der großen Streiks in der Druckindustrie gezeigt. Untersuchungen belegten: Ohne Zeitung hatte man schon nach wenigen Tagen das Gefühl, nicht mehr auf dem Laufenden zu sein. Die Kommunikationsneigung ließ nach. Das Gespräch unter Kollegen am Arbeitsplatz litt – sogar die Fernsehnutzung ging zurück. Inzwischen hat sich die Medienlandschaft erweitert. Neue Anbieter sind hinzugekommen. Die Zeitungen schreiben der Lokalzeitung. Und die hebt den „Aufreger" ins Blatt, sie macht Druck auf die ignoranten Bürokraten, endlich kommt Bewegung in die Sache, man verschließt sich nicht länger dem Bürgerwillen. Kurzer Blick in die Vereinigten Staaten, nach San Francisco: Als sich dort der Tod des traditionsreichen „Chronicle" abzuzeichnen begann, war man sich quer durch alle politische Lager einig: „Ein Desaster für die Demokratie!" Kein anderes Medium könne die Lücke auf die Schnelle füllen. Auch die Blogosphäre sei kein gleichwertiger Ersatz: „Denn es ist schwer, ohne eine publizistische Marke mit Autorität die Machtzentren der Stadt zu durchdringen." Das alles spricht dafür, dass das gute alte Gutenberg-Medium trotz aller Unkenrufe und apokalyptischen Szenarien am Leben bleiben wird.

„Die Zeitung ist nicht immer ‚Vierte Gewalt', aber oft letzte Instanz."

haben an Auflage verloren. Doch ihre Attraktivität als Informations- und Werbeträger ist geblieben. Und die Meinungsforscher bescheinigen dem Klassiker unter den Medien nach wie vor eine hohe Glaubwürdigkeit. Er ist wie ein guter Nachbar, dem man etwas anvertraut in der Gewissheit, dass er das Beste daraus macht.

ZEITUNG ALS LETZTE INSTANZ. Die Zeitung ist nicht immer „Vierte Gewalt", aber oft letzte Instanz. Vor allem dann, wenn es um Bürgerinteressen geht. Eine kleine Stadt im Ruhrgebiet: Da beschweren sich seit Jahren Anwohner der Endhaltestelle, dass die Busse dort mit laufendem Motor parken, während die Fahrer Pause machen. Schon vor Jahren hat der Petitionsausschuss des Landtags geraten, die Haltestelle zu verlegen. Die Stadtverwaltung hingegen überhört den Rat aus Düsseldorf. Die empörten Bürger

Robert B. Silvers, Chefredakteur des Intellektuellenblattes „New York Review of Books", zeigte sich optimistisch, was die herausragende Bedeutung der Tageszeitung im Journalismus betrifft: „Wohin würde Google seine Links legen, wenn es keine Tageszeitung mehr gäbe? Tageszeitungstexte sind das tägliche Futter für Radio-Berichte, Fernseh-Talkshows und Blogger. Ohne Tageszeitung würden all diese Mediengattungen leiden." Verschwindet die Zeitung, weil Anzeigen, Abonnements und Einzelverkäufe in Massen verloren gehen, verändert sich nicht nur der Werbemarkt. Es kann auch nichts mehr aus der Zeitungsredaktion in das Internetportal „hochgereicht" werden. Das Feld bliebe den Websites der öffentlich-rechtlichen Rundfunkanstalten oder gar metierfremden Anbietern überlassen, bei denen das Kommerzdenken den Ausschlag gibt. In Zeitungen wird nicht nur vermeldet, sondern auch nachgedacht. Print liefert noch immer die schönsten Erzählgeschichten, die besten Hintergrundinformationen, die treffendsten Analysen und klügsten Kommentare, Meisterstücke und Ergebnisse von Individualität und Kreativität, auch für das Netz. Ein Kompliment an die deutschen Verlagshäuser! Freilich werden diese journalistischen Tortenstücke online weniger abgerufen als etwa Breaking News, bunte Storys über Paris Hilton und Obama-Bilderstrecken.

KLICKZAHLEN DÜRFEN NICHT NACHRICHTENRELEVANZ BESTIMMEN. Natürlich erzielen nachdenkliche, anspruchsvolle Texte auch im gedruckten Medium nicht immer Spitzenwerte. Aber die Zeitung funktioniert anders. Sie bringt die anspruchsvollen Geschichten trotzdem. Wegen des Gesamtbilds, dem sie sich verpflichtet fühlt. Gibt es keine Zeitungen mehr, verändern sich auch die Online-Inhalte. Dann bestimmen eben die Klickzahlen über die – vermeintliche – Relevanz von Nachrichten. „Auf der Jagd nach dem schnellen Klick versprechen Bildergalerien und Sensationsgeschichten mehr Umsatz als unaufgeregte, ausgefeilte Erzählstücke", erläutert der Kommunikationsforscher Leif Kramp.

Das Großartige an Zeitungen sei heute genau das, wofür sie früher kritisiert worden seien, meint der erfahrene ehemalige AP-Auslandskorrespondent Tom Rachmann. Diese Gedanken greift er auch in seinem Debütroman „Die Unperfekten", eine Insidergeschichte über eine internationale Tageszeitung, auf: „Die Redakteure wählen die Informationen aus und entscheiden darüber, was der Leser morgen vorgesetzt bekommt. Oberflächlich gesehen klingen die frei verfügbaren Informationen im Internet wunderbar – es gibt kein Elitemedium, das darüber bestimmt, was der Leser wissen soll und was nicht. Doch die Kehrseite ist, dass man dann auch nicht weiß, wonach man suchen soll, was wichtig über die Welt zu wissen wäre. Die Internetleser lassen sich von dem Bedürfnis nach kurzen Momenten der Aufregung leiten, selten von fundierten Interessen. Das, was am meisten glitzert, wird angeklickt."

EIN AKT INFORMATIONELLER SELBSTBESTIMMUNG. Es geht also bei Weitem nicht nur um das haptische Vergnügen, eine Zeitung in der Hand zu halten und darin nach Gusto zu blättern. Zeitunglesen ist vielmehr ein Akt informationeller Selbstbestimmung. Ein Akt persönlicher Freiheit. Eine Zeitung kann man in freier Entscheidung kaufen oder abonnieren. Man muss nicht wie bei Radio und Fernsehen eine Art Zwangsgebühr entrichten. Mit seiner Zeitung lässt sich kommunizieren. Sie tritt als Gesprächsvermittler (oder gar Gesprächsleiter) auf, wo es an Dialogfähigkeit mangelt. Sie ist interaktiver als der Bildschirm. Der Literaturprofessor Peter von Matt (Zürich) sang schon vor Jahren das Hohelied auf das gedruckte Wort: Man sage immer, die Zeitung sei altmodisch und alles Elektronische sei modern. Aber rein technisch gesehen habe die Zeitung in vielem eine fortschrittlichere Position, etwa im Zeitmanagement für den Rezipienten. „Die Zeitung ist für mich eine Art Sparringspartner für meine Auseinandersetzung mit der Gegenwart. Ich will von einer Zeitung gefordert werden: im Nachdenken, im Bewerten dessen, was passiert."

ZEITUNGEN ÖFFNEN DEN BLICK. Medienkonsum per Internet: Fluch oder Segen? Es wäre vermessen, also ein großer Fehler, wollte man heute das „alte" Medium gegen das „neue" ausspielen, beide haben ihre Stärken und Schwächen. Wer die Professionalität liebt, nach den Beiträgen der Experten sucht, wird der gedruckten Zeitung den Vorzug geben. Denn er wird darauf achten, dass das große Gemurmel des Netzes die konkrete und präzise Analyse der Edelfedern unter den Publizisten nicht übertönt. Auf analytischem Gebiet ist die Zeitung ohne Zweifel konkurrenzlos. Denn sinnvolles Einordnen zum Zweck der Orientierung kann nicht durch das Hereinströmen der Nachrichten allein zustande kommen.

Die Menschen brauchen mehr als Fakten. Sie wollen wissen, ob die Fakten stimmen und was hinter den Fakten steht. Sie fragen: Was ist relevant? Der Kommentar gibt eine Wegweisung. Wieder ein Plus für die Zeitung.

Das Internet verenge den Horizont, sagen amerikanische Medienexperten. Ethan Zuckerman, Gründer des Blognetzwerkes Global Voices, gibt einen ernüchternden Einblick in das Netz: „Das Versprechen des Internets war, dass sich der Blick erweitert, weil wir nun beispielsweise kostenlos Zeitungen aus Australien, Indien, Nigeria und Ghana lesen können. Analysiert man die Daten des Internet-Anzeigenvermarkters Double-Click für die 50 größten Nachrichtenseiten in 30 Ländern, dann sieht man, dass beispielsweise 95 Prozent des Traffics in Großbritannien auf heimische Nachrichtenseiten führt. In Indien, wo Internetnutzer allgemein weltoffener und wohlhabender sind als ihre Landsleute ohne Netzanschluss, sind es 94 Prozent. Es sieht also ganz so aus, als ob die Fernsehsender und Zeitungen unserer Eltern und Großeltern ein viel umfassenderes Weltbild vermittelt hätten als das Internet uns."

Wie verhalten sich die User? Sie selektieren meist Texte, von denen sie ohnehin wissen, dass sie ihren Interessen entsprechen. In der Zeitung hingegen werden sie mit neuen Themen konfrontiert. Sie lesen sie, obwohl sie davor gar nicht wussten, dass sie sich dafür interessieren.

GRUND- UND KOMPLETTVERSORGER.
Eine Zeitung hat eben etwas. Eine Alltags- und Nachbarschaftskompetenz. Sie hat eine Doppelfunktion, sie ist Grund- und Komplettversorger in einem. Man blättert durch sie hindurch und erlebt dabei viele kleine Zufälle. „Serendipity" sagt der Engländer, wenn er auf etwas stößt, das er eigentlich nicht erwartet hat. Von „Nachrichtenfreude" sprach schon der Zeitungswissenschaftler Emil Dovifat. Das kommt dem Urteil von Josef Joffe, Herausgeber der Wochenzeitung „Die Zeit", sehr nahe: „Es ist unvorstellbar, eine Welt ohne Zeitungen zu haben, das hieße, eine Welt ohne neugierige Menschen zu haben." Und noch etwas poetischer: eine Welt ohne Sonne. Zeitung kann zwar nicht so schnell informieren wie etwa Funk, Fernsehen, die Blogger- und Twitter-Szene, und ihre Lektüre erfordert mehr Zeit, als sich zum Beispiel eine Nachrichtensendung anzuhören. Aber man ist mit der Zeitung in der Hand im Aufnahmerhythmus nicht eingeschränkt. Wie das Buch hat die Zeitung eine Art Pausenknopf. Kein Konkurrent gestattet dem Nutzer einen so hohen Grad an Freiheit. Und was ist dieses universelle Medium nicht alles: Es ist Chronist, es hat eine soziale, auch soziologische Funktion, es öffnet seine Meinungsspalten für unterschiedliche Meinungen, es gibt Orientierung und dient damit der demokratischen Willensbildung.

Gewiss, darin unterscheidet sich die Zeitung nicht unbedingt von Hörfunk, Fernsehen und den neuen Konkurrenten. Doch sind diese elektronischen Anbieter ihrer Natur nach „schnelle Medien", der Aktualität verpflichtet. Hintergrund und Einordnung rangieren erst an zweiter Stelle. Dagegen kann die Zeitung ihre genuine Stärke ausspielen: Zusammenhänge darstellen, Analysen und Deutungen anbieten. Eine Zeitung gleicht, im übertragenen Sinn, einer Stadt. In ihr gibt es Plätze, Hauptstraßen, Hinterhöfe, Ostflü-

> „Es sieht ganz so aus, als ob die Fernsehsender und Zeitungen unserer Eltern und Großeltern ein viel umfassenderes Weltbild vermittelt hätten als das Internet uns."

gel und Westtrakte. Der Leser kann sich frei entscheiden, wohin er sein Auge lenkt. Auf die Fassaden oder ins Innere. Immer kann er sich darauf verlassen: Seine Zeitung ist nah dran am Menschen. Das bestätigt auch die jüngste Studie der Zeitungs Marketing Gesellschaft (ZMG): Eine Mehrheit von 82 Prozent bezeichnet die Zeitung zur Information über den eigenen Wohnort als unverzichtbar. 44 Prozent der Jugendlichen glauben bei widersprüchlicher Berichterstattung am ehesten der Tageszeitung, nur 31 Prozent dem Fernsehen. Ein erfreulicher Vertrauensbeweis.

ZEITUNGEN FRAGEN NACH DEM WARUM. „Sekundenzeiger der Weltgeschichte" nannte Arthur Schopenhauer die Zeitungen. Das galt für seine Zeit, das 18. und 19. Jahrhundert. In unserer beschleunigten Welt würde der Philosoph sein berühmt gewordenes Diktum wahrscheinlich aktualisieren. Zeitungen sind der Kompass durch einen immer dichter werdenden Nachrichtendschungel, eine Art Navigationssystem. Zeitungen sorgen für Orientierung. Sie stellen Fragen, die auch ihre Leser stellen, und beantworten sie. Das heißt also nicht nur: Wer? Was? Wann? Wo? Wie?, sondern vor allem: Warum? Was hat das für Folgen? Sie wirken integrierend, indem sie die Bindungskräfte einer vom Individualismus geprägten, medial disparaten Gesellschaft stärken. Eine gute Zeitung ist auf „Augenhöhe" mit ihrem Publikum: erzählend, nachdenklich, interpretierend. Denn gegen den Datentrash von heute hilft nur professionelle Reflexion. Eine Zeitung kann das Gespräch der Gesellschaft mit sich selbst in Gang halten, eine Brücke zwischen lokalen, regionalen und globalen Interessen schlagen, die Bürgerbeteiligung fördern, zum zivilgesellschaftlichen und sozialen Engagement anregen (davon zeugen unter anderem die vielen Hilfsaktionen nach Unglücken und Katastrophen) und die Qualität des öffentlichen Diskurses verbessern. In aller Unabhängigkeit, versteht sich. Da läuft ihr kein anderes Medium den Rang ab. Das stellt natürlich auch hohe Anforderungen an die „Macher". Der beste Beobachter, so hat es einst der Soziologe Norbert Elias formuliert, sei der, welcher Engagement und zugleich Distanzierung an den Tag lege. Er sei einer, der sich einer Sache intensiv widme, ohne sich von ihr überwältigen zu lassen.

Was denn der Unterschied zwischen klassischen Journalisten, wie man sie in den Zeitungsredaktionen findet, und Bloggern sei, wurde „Freitag"-Herausgeber Jakob Augstein gefragt. Eigentlich gebe es keinen, es komme nur auf den Text an, antwortete Augstein. Aber in Wirklichkeit gebe es sehr wohl einen grundlegenden Unterschied: Der Journalist in seiner idealtypischen Form (wie man ihn von den Zeitungen her kennt) sei interessenfrei, der Blogger hingegen nicht: „Der Journalist muss wie ein Staatsanwalt be- und entlastende Materialien sammeln." Für die Glaubwürdigkeit von Texten ist das Vertrauen in die Recherchefähigkeit ihrer Autoren wichtig. Augstein: „Wenn ich von einem Blogger einen Text über die letzte Kabinettssitzung bekäme, dann finge ich gar nicht erst an, den zu lesen. Denn ich wüsste, da war der nicht dabei." Natürlich sind auch die Berichterstatter und Kommentatoren der Zeitungen nicht bei Kabinettssitzungen zugegen. Aber sie haben, das ist ihrem Publikum bekannt, Zugang zu Leuten, die „dabei" waren. Einen durch solide journalistische Arbeit erworbenen Zugang.

Nichts gegen Blogger, auch nichts gegen „Bürgerjournalisten", sie können den öffentlichen Diskurs bereichern. Aber sie sind allenfalls journalismusähnlich, nicht journalismusgleich. Und sie bespielen – im Gegensatz zur Zeitung – eine Bühne des Subjektivismus, der emotionalen, manchmal eitlen Selbstmitteilungen und der Vervielfältigung ungeprüfter Behauptungen. Mit „Echtzeit" und „Augenzeugenschaft" zu argumentieren, wie Netz- und Twitter-Freaks es tun, klingt verführerisch avantgardistisch. Aber sind diese Eigenschaften eine Garantie für Wirklichkeit? Echtzeit sagt noch nichts über die Echtheit, die Authentizität der Information. Es fließen, anders als bei der Zeitung, unkanalisiert die Infobits, Eindrücke und Gerüchte. Es werden allenfalls News-Häppchen serviert. Professionalität bleibt dabei auf der Strecke. Auch der Mehrwert der fundierten Information, ein Qualitätszeichen der Zeitung.

Werner D'Inka, Mitherausgeber der „Frankfurter Allgemeinen Zeitung", hat das vor einem Jahr so ausgedrückt: „Wenn niemand mehr mit Sinn und Verstand die Themen nach ihrer Relevanz sortiert, dann kommt mir das so vor, als würden wir uns, statt zum Friseur zu gehen, gegenseitig die Haare schneiden. Das kann ja ganz sympathisch sein. Aber würden wir uns auch von einem Bürgerchirurgen den Blinddarm entfernen lassen?"

ihre Einheit, ihre wahrnehmbare Gestalt findet. Das politische Geschehen, also die Gesetzgebung, die Ämtervergabe und Verwaltungsentscheidungen, wäre für den Bürger in seiner Komplexität ohne journalistische Aufbereitung und Systematisierung schlichtweg nicht zu verstehen, nicht als irgendwie geordnete Einheit erlebbar. Wer einmal versucht, in die Materialien und Verhandlungsprotokolle von Stadträten, des Bundestags oder von Landtagen, des Europäischen Parlaments, die Dokumente der EU-Kommission oder Protokolle von Kabinettssitzungen hineinzuschauen, wird auch als Experte erschlagen von der „Komplexität einer verrechtlichten Gesellschaft und einer verschachtelten Mehrebenendemokratie" (Di Fabio). Schon die kommunale Bauleitplanung, erst recht aber Gesetze zur Jugendhilfe, zur

> „Das politische Geschehen wäre für den Bürger in seiner Komplexität ohne journalistische Aufbereitung und Systematisierung schlichtweg nicht zu verstehen."

Eine Welt ohne Zeitungen, nur noch mit den Hervorbringungen der digitalen Revolution? Die Neurowissenschaftlerin Maryanne Wolf hat jüngst in der „Süddeutschen Zeitung" vor einer Verführung zur unkonzentrierten Informationssuche gewarnt: „Das Internet treibt uns immer von einem zum nächsten, auch bei elektronischen Lesegeräten wie dem iPad und Kindle ist das so. Auch vom kognitiven Standpunkt her ist die Lesesituation online eine andere. Das Gefühl sagt hier eher: Bringe es zu Ende!"

REFLEXIONSINSTANZ EINER GLOBALISIERTEN WELT. Eine globalisierte, komplexe Welt schreit geradezu nach Übersetzern und Vermittlern. Die Presse, sagt der Bundesverfassungsrichter Udo Di Fabio, ist die Metaebene des politischen Prozesses. Sie ist eine Reflexionsinstanz, die in der Politik für den Bürger – und auch für viele Politiker – überhaupt erst

Umwandlungssteuer oder der Finanzmarktaufsicht, zur europäischen Agrar- oder Wettbewerbsordnung, all das ist Sache für Experten. Das tatsächliche Geschehen so abzubilden, dass es „bekömmlich" ist: Dazu bedarf es der professionellen Übersetzung. Die Zeitung wählt aus, was wichtig und relevant ist. Damit konstituiert sie, so der Verfassungsexperte, das politische Zentrum der Demokratie, „weil dasjenige für alle von öffentlichem Interesse wird, was für die Presse von öffentlichem Interesse ist". Anders ausgedrückt: Zeitungen bieten Informationen an, die zu Informiertheit führen.

Die meisten Entscheidungen in Bund und Land, aber auch in Europa, haben direkte Auswirkungen auf den einzelnen Menschen; sie müssen erklärt werden. Je wichtiger Nachrichten aus aller Welt für den Einzelnen werden, umso größer wird das Bedürfnis nach einer festen Verankerung in der engeren Umgebung, sagen wir ruhig: Heimat. Ohne die große Zahl eigenständiger, unabhängiger Lokal- und Regionalzeitungen hätte sich die föderative Struktur dieses Landes nicht so vorteilhaft entwickeln können, wie das seit 1949 der Fall ist. Deutschland ist größer geworden, und Europa rückt enger zusammen. Das zwingt dazu, die Lösung vieler innenpolitischer und sozialer Aufgaben zu regionalisieren. Dadurch gewinnt wiederum die regionale und örtliche Politik an Gewicht. Dies allein, davon gibt sich der Publizist Hugo Müller-Vogg überzeugt, werde die Nachfrage nach lokaler Berichterstattung, „die nur von den Tageszeitungen geleistet werden kann", weiter erhöhen. Schon in den 1980er-Jahren war zu beobachten, dass die Lokal- und Regionalzeitungen ihre Titelseiten zunehmend für lokale Nachrichten öffneten, weil das Fernsehen diese News nicht bringt oder nicht bringen kann.

Eine Zeitungsdemokratie sei etwas anderes als eine Fernsehdemokratie, hat Alt-Bundeskanzler Helmut Schmidt vor 14 Jahren in einem Interview gesagt. „Die Fernsehdemokratie prämiert Oberflächlichkeit, und sie prämiert das gute Aussehen von Politikern, nicht ihren inneren Wert. Zwar sind die Politiker froh über jede Quasselbude, Talkshow genannt, in die sie eingeladen werden. Doch dort haben sie keine Gelegenheit, einen Gedanken sorgfältig vorzutragen." Das können sie am besten, ohne die Flüchtigkeit des Augenblicks, im gedruckten Medium. Das elektronische Medium emotionalisiert, das gedruckte Pendant dämpft die Emotion, es sorgt für Differenzierung – nicht zuletzt durch investigative, klarsichtige Recherche. „Nur durch Lesen, durch eigene Arbeit am Stoff der Worte und der Inhalte, an der Entwicklung von Denken und Fantasie kommen wir zu eigenen Erkenntnissen. Wir bilden eigene Aussagekräfte heraus und können eine besonnene und kritische Haltung gegenüber den Geschehnissen in unserem Leben entwickeln." Es war kein Zeitungsmann, der diese Sätze schrieb. Es war der große Film- und Fernsehproduzent Gyula Trebitsch (1914 bis 2005). Unsere Fantasie, meinte Trebitsch, sei überall schon „kanalisiert", nur beim Lesen, etwa der Zeitung, entwickle man seine eigenen Bilder und Gedanken und damit unter anderem selbstständiges Tun. „Es hilft uns, die wesentlichen Dinge des Lebens zu behandeln."

GRUNDPFEILER DER DIALOGFÄHIGKEIT.

Das setzt allerdings die Fähigkeit zum Lesen voraus. Sie muss trainiert werden. Und besonders gut trainiert werde Lesen durch Zeitunglesen, sagte die Altmeisterin der deutschen Meinungsforschung, Elisabeth Noelle (Allensbach), denn Zeitunglesen motiviere zur Regelmäßigkeit. Eine Welt ohne Zeitungen, ohne die Möglichkeit des Lesetrainings, würde die Lesefähigkeit breiter Kreise verkümmern lassen. Wenn das Lesen verarmt, verarmt auch das Schreiben. Wenn beides verarmt, verarmt auch die Sprache. Und wenn die Sprache verarmt, verarmen die Denk- und Dialogfähigkeit. Ein Teufelskreis!

Zeitungen sind „Lebensmittel", sie machen Menschen fit für die geistige Bewältigung des Alltags, sie schaffen einen sozialen Mehrwert. Wissenschaftler der Universität Landau begleiten rund 250 Auszubildende aus 38 Unternehmen, denen jeden Morgen zum Frühstück ein Exemplar der „Allgemeinen Zeitung" (Mainz) geliefert wird. Ihr Befund: Zeitung lesen macht schlau, wer regelmäßig eine Tageszeitung liest, hat eine bessere Allgemeinbildung und damit bessere Chancen im Beruf. Schnelle Informationen suchen die Teilnehmer an diesem Projekt im Internet, „auch beim Radiohören im Auto schnappe ich viel auf", berichtet ein 22-Jähriger, aber alle lesen gern Zeitung, „gerade das Lokale, denn das ist das, was uns betrifft". Und eine Ausbilderin ergänzt: „Im Internet sucht man gezielt Informationen – in der Zeitung findet man Themen, die man online niemals lesen würde."

Die Demoskopin Renate Köcher (Allensbach) hat nachgewiesen, dass das Interesse der ans Internet gewöhnten Generation an politischen Entwicklungen kontinuierlich zurückgegangen ist. Die Bereitschaft, sich umfassend zu informieren, etwa über Umweltthemen und Wirtschaftspolitik, hat nachgelassen – gegenläufig zur Intensität der öffentlichen Debatte. Eine Gesellschaft, die teilweise auf kontinuierliche Information verzichtet, wird in der Urteilsfindung unbeständiger und damit auch anfälliger für Manipulation. Unter dem Einfluss des Fernsehens haben sich die Zeitungen verändert, verändern müssen. Das Fernsehen dringt fast nie hinter die Kulissen. Die Kamera dreht, aber sie kann nicht denken. Fernsehbilder werden nur flüchtig wahrgenommen. Rundfunk und TV sind nicht alles. Nach dem 11. September 2001 zum Beispiel erhöhten viele Zeitungen ihre Auflage. Es gab einen Bedarf an in Spartenkanäle, allein die Zeitung verbindet als letztes universales Medium über Altersgrenzen und soziale Unterschiede hinweg. Die Welt ohne sie wäre ärmer. Ob sich die Politik dessen bewusst ist? Leider ignoriert sie nur zu oft den Zusammenhang zwischen wirtschaftlicher Leistungskraft der Zeitungsverlage und der publizistischen Unabhängigkeit und Stärke.

> „Rundfunk und TV sind nicht alles. Nach dem 11. September 2001 zum Beispiel erhöhten viele Zeitungen ihre Auflage."

einordnenden Berichten, an Analysen und Kommentaren, an Orientierung also. Daraus ist zu schließen: Auch in Zukunft wollen die Menschen zur flüchtigen Fernsehbilderwelt ein komplementäres Hintergrundmedium.

GLAUBWÜRDIGKEITSAGENTUR UND ANKER DER VERLÄSSLICHKEIT. Die Gefahr bestehe, meinte der frühere US-Präsident Bill Clinton, dass man durch Surfen im Netz vielleicht alle Informationen dieser Welt zu kennen glaube, aber keine Möglichkeit habe zu evaluieren, „was denn falsch und was richtig ist". Professioneller Journalismus sei nötig, damit aus Zufallskommunikation Verlässlichkeitskommunikation werde, mahnte der ehemalige Deutschlandradio-Intendant Ernst Elitz. Zeitungen, die sich als Glaubwürdigkeitsagentur verstehen, sind Anker der Verlässlichkeit. Andere Medien sind segmentiert, das Fernsehen zerfällt

Bertelsmann AG | Pressestelle | Carl-Bertelsmann-Straße 270 | 33311 Gütersloh
www.bertelsmann.de

Die Pressestelle der Bertelsmann AG:
Wir sind für Sie da. 7 Tage 24 Stunden

Thorsten Strauß
Leiter Unternehmenskommunikation
Unternehmenssprecher

Andreas Grafemeyer
Leiter Pressestelle

Susanne Erdl
Pressesprecherin

Stephan Knüttel
Pressesprecher

Pressestelle Fon +49 (0) 52 41-80-24 66

24-Stunden Hotline +49 (0) 172 523 2523
presse@bertelsmann.de

BERTELSMANN
media worldwide

Nicht um jede Zeitung ist es schade

Wenn Journalisten zu viel schreiben (müssen oder wollen), leidet die Qualität. Eine Binsenweisheit, findet Harald Martenstein. Sie gilt für die Zeitung wie für das Netz.

Harald Martenstein ist Autor des Berliner „Tagesspiegels" und Kolumnist des „Zeit-Magazins". Sein Beitrag war Bestandteil der Serie „Wozu noch Journalismus" in der „Süddeutschen Zeitung", die unter gleichem Titel jetzt auch in Buchform vorliegt.

Als ich anfing, mit 19, schrieb ich für eine kleine Lokalzeitung einer mittelgroßen Stadt. Ich war Lokalreporter und bekam 20 Pfennig pro Zeile, was auch für damalige Verhältnisse wenig war, und rockte am Tag manchmal sechs oder sieben Termine herunter. Zum Nachdenken hatte ich, ehrlich gesagt, keine Zeit. Am Monatsende hatte ich 800 oder auch mal 1.200 Mark verdient.

Ich konnte es mir nicht leisten, groß zu recherchieren, ich ging zu Terminen, ließ mir von den Veranstaltern etwas erzählen und gab das dann wieder. Wichtig war eigentlich nur, dass die Namen richtig geschrieben waren und dass kein Anzeigenkunde oder gar Freund des Chefredakteurs sich beschwerte.

ES IST NICHT UM JEDE ZEITUNG SCHADE. Später schrieb ich für eine große Regionalzeitung. Das war schon besser. Manchmal konnte ich mir den Luxus leisten, an einem Tag nur einen einzigen Text zu schreiben. Ich durfte – manchmal – so lange an einem Artikel herumtüfteln, bis er mir gefiel. Parallel dazu redigierte ich eine Seite, und zwar täglich. Wenn ich Urlaub machte, musste ich meine Seite vorher gut vorbereiten, damit ein Kollege aus einem anderen Ressort, der von meiner Seite nur schwache Ahnung hatte, halbwegs zurechtkam. Als ich, relativ spät im Leben, für Blätter wie „Geo" oder die „Zeit" zu arbeiten begann, lernte ich eine völlig andere Art von Journalismus kennen. „Geo" schickte mich wochenlang auf Reisen, ich wohnte in Mittelklassehotels, nicht mehr im billigsten Haus am Platz, und wenn ich das Gefühl hatte, dass ich zwei oder drei zusätzliche Tage für meine Recherche brauchte, dann war das kein Problem. Lesen Sie unten, welche Rolle Werbekunden und Verleger im Journalismus spielen.

Die Kollegen saßen manchmal wochenlang an einem einzigen Artikel – okay, einige von ihnen waren einfach nur lahme Enten, aber bei den meisten spürte man, was gute Arbeitsbedingungen ausmachen, auch bei dem Produkt „Text".

leute oder Chemiearbeiter. Verrate ich sie?

ZWEI POTENZIELLE ZENSURINSTANZEN.
Es gibt das Phänomen der deutschen Regionalzeitung, die in ihrem Verbreitungsgebiet ein Monopol hatte und jahrzehntelang gut verdiente, dabei Honorare zahlte, die gerade mal zum Überleben reichten, und die jedem Konflikt mit den Mächtigen aus dem Weg ging (ich sage nicht, dass alle Regionalzeitungen so sind).

Überall im deutschen Journalismus, wahrscheinlich auch im Fernsehen, gibt es zwei potenzielle Zensurinstanzen. Die erste Instanz sind die Werbekunden, ohne die es keine Zeitungen geben kann und mit denen man sich, verständlicherweise, nicht gerne anlegt. Die zweite Instanz sind die Chefredakteure und Verle-

„Überall im deutschen Journalismus, wahrscheinlich auch im Fernsehen, gibt es zwei potenzielle Zensurinstanzen."

Ich erzähle das, um klarzumachen, dass „Journalismus" ebenso ein schwammiger Begriff ist wie „Literatur". Literatur kann klischeehaft und billig sein, Literatur kann so sein, dass sie einigen Lesern nie wieder aus dem Kopf geht. Beim Journalismus ist es ähnlich. Wenn jetzt über die Zukunft des Printjournalismus diskutiert wird, der vom Internet bedroht wird, weil ganze Anzeigenmärkte für immer verschwinden und weil im Netz fast alles kostenlos zu haben ist, dann denke ich, dass es nicht um jede Zeitung schade ist.

Ich sage das mit einem schlechten Gefühl im Bauch, weil ich einige Kollegen vor mir sehe, die ich damals kannte, die ihren Beruf liebten, die aus den miesen Bedingungen Tag für Tag das Beste herausholten, die unter besseren Bedingungen sehr gut gewesen wären und von denen einige ziemlich jung an ihrem Knochenjob gestorben sind, wie Berg-

ger, die alte Freunde haben, in dem einen oder anderen Honoratiorenkreis verkehren und, verständlicherweise, ihre Ruhe haben möchten (die einen mehr, die anderen weniger).

Zeitungen haben eine gesellschaftliche Funktion, sie müssen eine Plattform auch für unangenehme Meinungen und für unangenehme Nachrichten sein, gleichzeitig sind sie gewinnorientierte Unternehmen. Das ist der unauflösbare, unvermeidliche Widerspruch, in dem sie sich bewegen und täglich Kompromisse suchen. „Unvermeidlich" ist dieser Widerspruch, weil eine private Presse, trotz allem, immer freier sein wird als eine staatlich gelenkte.

Deswegen hat guter Journalismus etwas mit Mut zu tun, manchmal sogar mit Harakiri. Wer frei seine Meinung sagt oder wer eine brisante Story recherchiert, tritt immer jemandem auf die Füße oder macht sich irgendwo unbeliebt. Das Internet sorgt nun dafür, dass Meinungen und Meldungen schwerer unterdrückt werden können als früher, es gibt kein Monopol auf öffentliche Äußerung mehr.

In einigen Gegenden machen inzwischen lokale Webseiten den lokalen Monopolzeitungen das Leben schwer, das ist, was die Informationsfreiheit und den Pluralismus der Meinungen betrifft, sehr gut. Die Webjournalisten sind zum Teil sogar ihre eigenen Herren, sie brauchen dann weniger Mut, haben dafür allerdings auch noch weniger Geld.

Die meisten Verleger reagieren auf sinkende Einnahmen, indem sie versuchen, die Kosten zu senken. Ich polemisiere gar nicht dagegen, ich beschreibe nur. Ich behaupte auch nicht, dass ich eine Alternative wüsste. Ich verstehe nicht viel von Ökonomie. Man kann Redaktionen ausdünnen, man kann Honoraretats senken, man kann Ressorts verschiedener Zeitungen zusammenlegen, man kann die Zeitungen dünner machen, und all dies wird getan.

STARKER KONKURRENZDRUCK. Im Ergebnis werden die Zeitungen natürlich schlechter, nicht sofort, nicht durch jede Einzelmaßnahme, aber nach und nach eben doch. Besonders deutlich spürt man dies als Leser derjenigen Zeitungen, die schon vor der großen Internetkrise nicht besonders gut waren. Ich verstehe, wie gesagt, nicht viel von Ökonomie, aber ein Produkt, das unter starkem Konkurrenzdruck steht und dabei auch noch an Qualität verliert, befindet sich auf dem Markt wohl in einer fast ausweglosen Lage, in einer Abwärtsspirale.

Ich glaube zu wissen, wie die Zukunft der Printmedien aussieht. Vieles wird verschwinden. Überleben werden diejenigen, die auch in anderen Branchen überlebt haben, in denen es Modernisierungskrisen und Konzentrationsprozesse gab – die ganz Billigen und die ganz Luxuriösen. Der mittelprächtige Tante-Emma-Laden macht zu, Aldi und Lidl und die edle Feinkost-Etage im KaDeWe bleiben. Das anspruchslose Nachrichtenblatt für ein paar Cent bleibt, aber auch ein paar sehr gute überregionale Zeitungen und Magazine.

Für das, was dazwischen liegt, wird es schwierig. Aufwendige Reportagen, komplizierte Recherchen, exklusive Texte unverwechselbarer Autoren, all das kostet viel Geld und ist deshalb im Internet eher selten zu finden, es gibt aber einen Markt dafür. Dass es „Geo" und der „Zeit" offenbar relativ gut geht, bestätigt meine These, dass Aufwand und Imagepflege sich auszahlen.

Ob die Leute jemals bereit sein werden, für Texte im Internet nennenswerte Beträge zu bezahlen, weiß der Himmel. Ich selber bezweifle es, aber von Prophetie verstehe ich noch weniger als von Ökonomie. Was sich jetzt schon abzeichnet: Das Internet verwandelt mittelmäßig oder schlecht bezahlte Journalistenjobs bei Zeitungen in schlecht oder sehr schlecht bezahlte Journalistenjobs bei Internetportalen.

Das Internet wird außerdem mehr und mehr zu dem Ort, an dem die Debatten stattfinden, es entmachtet tendenziell die Meinungsseiten und die Feuilletons. Sie wirken langweilig, langsam und ferngesteuert, verglichen mit der zauberhaften Anarchie und Vielfalt des Netzes. Man muss auf die Wochenzeitung „Freitag" achten, den ersten deutschen Versuch, nicht Printjournalismus im Internet zu verkaufen, sondern umgekehrt etwas von der Kreativität des Internets in den Printjournalismus zu übertragen.

AMBIVALENTES VERHÄLTNIS ZUM NETZ. Trotzdem habe ich ein ambivalentes Verhältnis zum Netz, ich liebe es und ich fürchte es. Als ich anfing, musste ich, um zu leben, unaufhörlich Text produzieren. Später ließ meine Produktivität nach, aber ich bin mir ziemlich sicher, dass die Qualität der Texte dadurch stieg. Heute stelle ich fest, dass wir alle viel mehr Leserpost beantworten als früher, dank des Internets, und dass unsere Texte im Netz diskutiert werden.

Ich finde das gut, allerdings beteilige ich selbst mich nur ungern an diesen Diskussionen. Warum? Wir sollen ja auch fast alle einen oder zwei Blogs schreiben, und zu immer mehr Geschichten gibt es ein kleines „Making of", eine Geschichte darüber, wie man die Geschichte geschrieben hat. Es wird immer mehr. Gleichzeitig glaube ich zu wissen, dass ein Autor seine Produktivität nicht unendlich steigern kann, man kann nicht einfach, wie in der Fabrik, das Fließband schneller stellen.

Ich bin sicher jemand, der relativ viel schreibt, trotzdem habe ich allmählich Angst. Journalisten, die unaufhörlich schreiben und plappern und bloggen und den ganzen Tag Sätze aus sich herausströmen lassen, können nicht gut sein, außer, sie sind zufällig Genies. Wir schreiben zu viel, wir haben zu wenig Zeit zum Nachdenken, und das hängt bei vielen mit den sinkenden Honoraren und mit dem Internet zusammen, das wir bedienen müssen, ohne davon leben zu können. Deshalb sollte ich jetzt vielleicht einfach die Klappe halten.

VON MEDIEN, MACHT UND MENSCHEN.

23. medienforum.nrw   Köln, Staatenhaus am Rheinpark   20.–22. Juni 2011

medienforum.tv   medienforum.film   medienforum.publishing   medienforum.digital

www.medienforum.nrw.de

medienforum.nrw

Das medienforum.nrw ist eine Veranstaltung der Landesanstalt für Medien NRW (LfM), gefördert mit Mitteln des Landes Nordrhein-Westfalen. Verantwortlich für Konzeption und Durchführung ist die LfM Nova GmbH.

TREND

Foto: Huber

Die Aufsplitterung der Vierten Macht

Medienorganisationen erproben verschiedene Wege in die Zukunft. Alte Geschäftsmodelle zerfallen, neue fehlen noch. Doch es geht um mehr als bloß das Geschäft.

Alan Rusbridger ist Chefredakteur der britischen Tageszeitung „The Guardian". Der Artikel ist ein Transkript der „Andrew Olle Lecture" 2010, gehalten in Sydney, Australien, am 19. November 2010.

Im Juni wurde ich eingeladen, in Amsterdam auf einem „Königlichen Symposium" zu sprechen. Es stellte sich heraus, dass ich das Podium mit einem Medienexperten teilte, den ich schon lange bewunderte, nicht zuletzt wegen seiner Aufsätze „New York Review of Books", in denen es um die Art der US-Presseberichterstattung über den Irak-Krieg ging – Michael Massing.

Ich tat mein Bestes, um den gegenwärtigen Zustand der Medien, wie ich ihn sah, zu beschreiben. Massing war viel origineller. Er tauchte geradewegs in die Medientrends im späten 15. und im frühen 16. Jahrhundert ein, eine Epoche, als die alte, von der katholischen Kirche dominierte spirituelle und kulturelle Ordnung zusammenbrach und eine neue im Entstehen begriffen war. Mit der Erfindung des Buchdrucks liefen Bücher zu Tausenden aus den Druckerpressen, und die Gelehrten wurden von einer Art Fieber ergriffen auf der Suche nach neuen Organisationsmodellen für die Gesellschaft. In Traktaten und Abhandlungen diskutierten sie lebhaft über Themen wie die Natur des Menschen, die Macht Gottes und den wahren Pfad zur Erlösung.

Der Historiker John Mann beschreibt die Gutenberg-Revolution folgendermaßen:

„Mit einem historischen Augenzwinkern waren die Kopisten plötzlich überflüssig. Einst dauerte es ein oder zwei Monate, um ein einziges Exemplar eines Buches herzustellen; und dann konnte man 500 Kopien in einer Woche haben. Kaum ein Aspekt des Lebens blieb unberührt ... Die Erfindung Gutenbergs bereitete das Terrain, auf dem sich die moderne Geschichte, Wissenschaft, Populärliteratur entwickelten, die Entstehung der Nation, so viel von all dem, wonach wir Modernität definieren."

Massing ist nicht der einzige Autor, der von den Parallelen zwischen jener Epoche und der heutigen Kommunikationsrevolution fasziniert ist, welche – nach Ansicht vieler – genauso bedeutend ist wie jene Gutenbergs. Der Unterschied liegt heute darin, dass die Veränderung viel rasanter vor sich geht – so rasch, dass wir als Industrie gemeinsam unter dem leiden, was Tiefseetaucher als Krümmungen bezeichnen würden. Wir reisen durch eine Zeit extremer Veränderungen, die schneller ablaufen, als unsere Unternehmen verkraften können. Das ist schmerzhaft – und kann, wenn nicht rasch und richtig damit umgegangen wird, fatal ausgehen.

Ich möchte die Möglichkeit ansprechen, dass wir am Ende eines großen Geschichtsbogens leben, der mit der Erfindung der beweglichen Lettern begann. Natürlich gab es während eines halben Jahrtausends auch andere Transformationsschritte auf dem Gebiet der Kommunikation – zum Beispiel die Erfindung des Telegrafen, von Radio und Fernsehen –, aber im Wesentlichen waren dies Fortführungen einer Kommunikationsidee, wo es darum ging, dass eine Person zu vielen anderen sprach.

Diese Idee ist nicht gestorben. Aber was heute geschieht – die Fähigkeit der Massen, miteinander zu kommunizieren, ohne dass ein herkömmlicher Vermittler involviert ist –, ist wahrhaftig eine Transformation.

Das ist ein Wandel, den sich nur vorangegangene Generationen vorstellen konnten. Vor Kurzem las ich nochmals das lehrreiche Buch „Kultur und Gesellschaft" des großen Literaturkritikers und Kulturhistorikers Raymond Williams, das vor gut 50 Jahren geschrieben wurde. Darin schrieb er 1958:

„Vieles von dem, was wir als Kommunikation bezeichnen, ist notwendigerweise nichts anderes als Übertragung; das heißt Senden in eine Richtung. Empfangen und Antworten, welche die Kommunikation vervollständigen, hängen von anderen Faktoren ab ..."

Das ist der revolutionäre Wandel, den wir heute durchleben – diese Transformation von der Übertragung hin zu

„Wir leben am Ende eines großen Geschichtsbogens, der mit der Erfindung der beweglichen Lettern begann."

Kommunikation. Williams hätte einen anderen entscheidenden Unterschied hinzugefügt: ein Schritt von unpersönlichen – was der Printsektor war – zu persönlichen Medien.

Viele von uns, die in der Welt der Übertragung aufwuchsen, sind mit der existenziellen Frage konfrontiert, ob wir geschäftlich bestehen können, wenn wir uns nur mit der Übertragung befassen. Das ist die entscheidende Frage, die hinter den Versuchen steht, unseren Content abzuschotten oder zu verkaufen – oder der gegenteilige Instinkt, der danach trachtet, diesen so zentral wie möglich in die neu beschrittenen Wege einzubetten, wo sich Information, Antwort und Gegen-Antwort entwickeln.

Bevor ich darüber spreche, was digitale Revolution bedeutet, möchte ich kurz einen Schritt zurückgehen und die Wirkung beleuchten, die sie auf die gesamte

Medienökologie hat. Es wurde immer davon ausgegangen, dass das Geschäft, das wir Journalisten betreiben, nicht ganz so abläuft wie andere Geschäftszweige. Was dabei geschieht, hat zu große Bedeutung. Aus diesem Grund ist es manchmal ziemlich imposant als Vierte Macht bezeichnet worden – ein Teil der Gesellschaft, der so wichtig ist wie die Regierung, die Gerichte oder die Kirche.

PRAKTISCH JEDER ERWACHSENE über 30 Jahre ist mit der Idee aufgewachsen, dass die Vierte Macht nur aus zwei Teilen besteht – Presse und Rundfunk/Fernsehen. Sie alle unterlagen unterschiedlichen Besitzformen, Finanzierungen und Regeln und sie alle vermittelten unterschiedliche Ideen davon, was Journalismus war.

Die Presse in Privatbesitz reflektierte im Allgemeinen mehr Meinung, war parteiischer, politisch engagiert und weniger stark reguliert, wenn überhaupt. Radio/Fernsehen – ob von der öffentlichen Hand finanziert oder kommerziell – strich normalerweise das Bedürfnis hervor, nach Unparteilichkeit zu streben. Es hatte die Verpflichtung, alle Teile des politischen Spektrums widerzuspiegeln, und spezielle Aufgaben, auch Nachrichten zu bringen, die nicht gebracht würden, wenn man dies dem freien Markt überließe.

Es gab viel zu beachten in dem Spiel der Balance und der Spannung, die dieser Zweipolarität innewohnen. Ein Leser oder ein Zuschauer konnte die Botschaft eines Mediums gegen das andere messen. Es gab den Zeltpflock einer versuchten Unparteilichkeit, an der der Wilde Westen des gedruckten Wortes gemessen werden konnte.

Doch jetzt ist sozusagen ein neues Kind im Wohnblock aufgetaucht. Der Vierten Macht ist ein neuer Flügel gewachsen, wenn diese gemischte Metapher erlaubt ist. Man könnte sogar argumentieren, dass es im Block zwei neue Kinder gibt – das ursprüngliche World Wide Web (im Grunde eine andere Form der Übertragung) und das Web 2.0, das Erscheinen und rasche Heranreifen der sogenannten sozialen oder offenen Medien. Der digitale Raum gehört niemandem und er ist kaum reguliert. Er bringt eine völlig neue Auffassung von dem mit, was Journalismus ist – tatsächlich werfen manche die Frage auf, ob es konkret „Journalismus" überhaupt gibt.

Diese zweifache Revolution in einem Zeitraum von kaum mehr als 20 Jahren hat dramatische Auswirkungen auf die akzeptierten Normen und Kategorisierungen der Information. Wir erleben die Aufsplitterung der Vierten Macht.

Der digitale Sektor verbeißt sich ganz unerbittlich in der Presse, doch wir müssen uns irgendwie unseren Lebensunterhalt verdienen und genießen nicht den Schutzschirm von Lizenzgebühren oder Regierungssubventionen.

Während das Digitale die Presse anknabbert, hat die Presse ihr Feuer auf die öffentlichen Rundfunk- und Fernsehanstalten gerichtet, mit der Vorstellung, wenn diese nur weg wären, würde alles im Garten neu erblühen. Und auf diese Weise gerät das Gleichgewicht zwischen diesen drei separaten Auffassungen von Journalismus ins Schwanken.

Bevor wir uns diese digitalen Kräfte in Großaufnahme ansehen, möchte ich auf die fragile Natur des gegenwärtigen Gleichgewichts hinweisen und die Frage aufwerfen, ob der Status quo in seiner derzeitigen Form anhalten kann – oder soll.

ALLE WISSEN, DASS die digitalen Kräfte die traditionelle Grundlage, Rolle und Finanzierung der Presse zu schwächen oder sogar zu zerstören drohen. Und wir wissen, dass es der Digitalsektor jedermann ermöglicht, das Geschäft jedes anderen zu ruinieren. Textherausgeber können in das Geschäft der beweglichen Bilder einsteigen und Broadcaster können sich des Textes annehmen. Es war nur eine Frage der Zeit, bevor es völlig offenkundig – und wirtschaftlich unwiderstehlich – wurde, sich zusammenzuschließen, zu konsolidieren und zu integrieren.

Doch bevor wir uns eilig daran machen, die Differenzierung, die gegenwärtig existiert, wegzuwischen, halten wir inne, um die Vorteile der derzeitigen Balance zu betrachten.

Denn die Presse ist das, was sie ist – wunderbar meinungsorientiert und parteiisch – und sie hat eine ziemlich uneingeschränkte Lizenz im Bemühen, den Rahmen für die Darstellung in den Medien gegenüber ihren Kollegen vorzugeben. Denn die dominante Darstellung im öffentlich finanzierten Broadcasting ist, zumindest in Großbritannien, nicht sehr rühmlich.

Wenn man an BP, die Royal Bank of Scotland oder die Scientology-Kirche denkt, so kommt man kaum auf eine große Organisation, die routinemäßig so eine negative Presse hat wie in jüngster Programmierung, der niemals durch eine andere Form der Marktfinanzierung geboten werden könnte. Genau so sollte ein offener Raum von öffentlich verfügbarer Information aussehen – ein Reichtum an Wissen über Wissenschaft, Geschichte, Technologie, Geschäft, Wirtschaft, Essen, Musik, Umwelt, Physik, Religion, Ethik und Politik – alles in einer Woche.

Das alles, bevor wir zum Drama, zur Komödie oder zum Sport kommen. Oder zum Radio. Oder zu den Webseiten der BBC, ihren Orchestern oder zum Weltnachrichtendienst. Oder zu den Programmen für die Regionen, für die Schwerhörigen oder Behinderten, für die Kinder. Und dann gibt es noch die Nachrichten, mit ihrer globalen Berichterstattung, gespeist aus ihrem einzigartigen Netzwerk

„Manche gehen sogar so weit zu behaupten, dass eine Finanzierung durch die öffentliche Hand die öffentlichen Broadcaster zu Orwell'schen Propaganda-Kaufleuten mache."

Zeit die BBC. Bei dieser Kritik (zuweilen aus gutem Grund) geht es nicht nur um die Größe oder den Führungsstil, sondern auch um die Idee des öffentlich-rechtlichen Rundfunk/Fernsehens an sich, die infrage gestellt wird. Manche gehen sogar so weit zu behaupten, dass eine Finanzierung durch die öffentliche Hand die öffentlichen Broadcaster zu Orwell'schen Propaganda-Kaufleuten mache; dass die BBC der verglühenden Asche einer zentralisierten industriellen Planung im Stil der 1970er-Jahre ähnle. Dass sie ihr Wissen mit einer paternalistischen „Wir wissen es am besten"-Attitüde versprühe.

Immer wenn mich Zweifel beschleichen, lege ich die Zeitungen beiseite und schaue auf den iPlayer – dieses außerordentliche Gerät zum Abspielen und zur nochmaligen Wiedergabe von BBC-Content. Dort findet sich ein Reichtum an von 200 Auslandskorrespondenten. Ihre Nachrichten sind von seltener Qualität – ernste Nachrichten, investigativ und herausfordernd; ausgewogene und faire Nachrichten; Nachrichten, die Dinge enthüllen und sie in einen Kontext stellen; Nachrichten von internationaler Reichweite; Nachrichten, die nützlich sind, die den Verstand ansprechen und zum Verständnis beitragen; Nachrichten, die transparent sind in ihren ethischen Standards und Prozessen der Selbstkritik. Die BBC ist noch immer das beste Nachrichten-Unternehmen der Welt. Wie macht sie das? Durch Subventionen.

Jetzt haben auch Subventionen eine schlechte Presse. Allerdings sind in Wirklichkeit nur wenige von uns in einer so guten Position, dass sie sich über Subventionen lustig machen können.

Der amerikanische Essayist Walter Lippmann machte in seinem berühmten

Buch „Public Opinion" 1922 klar, dass die Presse ohne die Subventionierung der Werbung nicht leben könnte.

Über den Leser schrieb er:

„Niemand denkt auch nur einen Moment lang, dass er eigentlich für seine Zeitung zahlen sollte … Der Bürger zahlt für sein Telefon, das Straßennetz, sein Auto, seine Unterhaltung. Aber er zahlt nicht offen für seine Nachrichten … Er wird jedoch ordentlich für das Privileg zahlen, jemanden zu haben, der über ihn liest. Er zahlt für die Werbung direkt … Die Öffentlichkeit zahlt für die Presse, aber nur, wenn die Zahlung verborgen ist."

INMITTEN DES STRUDELS, in dem wir leben, ist es klar, dass das Subventionsmodell eines seriösen allgemeinen Journalismus – mit einer oder zwei Ausnahmen – das einzige ist, das im Moment funktioniert. Diese Subvention kann ein Trust sein, ein Oligarch, ein Patriarch, ein Milliardär, eine Partnergesellschaft, eine Lizenzgebühr, ein Direkteinkommen aus öffentlichen Einkünften … oder ein Werbeträger.

In der Turbulenz der kommenden Jahre – wenn, wie es der Experte für neue Medien Clay Shirky formuliert, „das alte Modell schneller auseinanderbricht, als das neue Zeug an Ort und Stelle ist" – könnte es dazu kommen, dass alle Medien auf eine Art der mittelfristigen Subventionierung zählen müssten. Wenn man die Werbung inkludiert, dann sind alle Medien Mitglieder einer sogenannten „Subventionsempfänger-Gesellschaft". Wir machen uns etwas vor, wenn wir erwarten, dass die Menschen die reellen, direkten Kosten einer Nachrichtenaufbringung bestreiten.

Doch blicken wir nach vorne in das Auge des unbekannten digitalen Sturms, so erscheint es mir ziemlich rücksichtslos, vorzuschlagen, dass man gerade das Modell zur Finanzierung traditioneller Medien, das einen gewissen Grad an Voraussagbarkeit hat, vernichten oder fesseln solle. Nun, was ist mit der Presse? Dass die Idee des öffentlich-rechtlichen Rundfunk/Fernsehens – eine der Rühmlichkeiten der modernen Zivilisation – so vehement herausgefordert wird, führt zu einem anderen Versuch, eine Idee fallen zu lassen, die bis vor Kurzem selbstverständlich war: Bei den Hauptformen der Medien sollte es im Hinblick auf die Eigentümerverhältnisse Pluralität geben.

Ich werde auf diesen Punkt nicht näher eingehen, denn dieser ist leicht zu verstehen, obzwar es ein kniffliger Punkt ist, wenn es um Gesetzesformulierungen geht.

Tatsächlich ist es ein Zeichen des derzeitigen Umbruchs, dass man über eine Sache argumentieren solle, die in einer anderen Geschichtsperiode zu selbstverständlich war, um darüber zu reden. Eine zu große Eigentumskonzentration auf dem Mediensektor wurde immer für schlecht gehalten, egal ob man rechts oder links stand.

Doch die Revolution, von der wir sprechen, wirft all das über den Haufen. Einigen erscheint es selbstverständlich, dass eine Kombination von hartem wirtschaftlichen Druck und einer sich ständig verstärkenden Konvergenz von Text, Daten und beweglichen Bildern zu einer offenkundigen Lösung führt: der Konsolidierung. Konsolidierung führt auch zu Einsparungen punkto Umfang. Wenn Regulierungsmechanismen damit nicht zurechtkommen, nun, dann seht zu, dass ihr die Regulierer los werdet, lautet das Argument.

Die wirtschaftlichen und technologischen Argumente wiegen schwer, doch wenn sie die Oberhand gewinnen, dann werden wir – bald – mehr und mehr Macht und Einfluss in immer weniger Händen konzentriert sehen.

DIE KONSOLIDIERER WERDEN argumentieren, dass der digitale Raum selbst ein Teil dieser neuen Pluralität ist. Und auch hier haben sie ein gutes Argument – obwohl vielfach argumentiert wird, dass wir noch nicht den Moment erreicht haben, wo das Digitale das gleiche Gewicht hat wie einige wenige konzentrierte Stimmen.

Aber wenn es offenkundig ist, dass die Pluralität der Medien nicht bloß etwas ist, das ganz nett ist, wenn man es hat, sondern vielmehr ein fundamentaler Eckpfeiler der Demokratie, sollte sie dann nicht der Ausgangspunkt für eine öffentliche politische Debatte sein, statt lediglich hinter Geschäfts-, Wirtschafts-, Manager- oder Technologieargumenten ins Spiel zu kommen?

In Großbritannien bekommt die lokale Presse den Druck am unmittelbarsten zu spüren. Auf diesem Sektor haben über die Jahre schon viele Konsolidierungen stattgefunden.

Der aktuellste Fall ist natürlich die Möglichkeit einer Verschmelzung zwischen der BSkyB-Gruppe und den vier Zeitungstiteln im Besitz der News Corporation. Das würde einem Unternehmen in „News of the World", die Natur des Problems in aller Deutlichkeit veranschaulichen.

Sie werfen Fragen auf, die sich nicht so sehr um das Hacking drehen, so beunruhigend diese auch sind, sondern darum, wie sich andere gesellschaftliche Kräfte – ob es sich nun um andere Medienorganisationen handelt, um die Polizei, den Regulator oder das Parlament selbst – verhalten, wenn sie der Muskelkraft einer sehr großen, sehr mächtigen und manchmal sehr aggressiven Mediengruppe ausgesetzt sind, vor allem einer, die ein ausgesprochenes Interesse daran hat, politischen Einfluss auszuüben, und machtstrotzende Ansichten zum Ausdruck bringt, wie Medienregulierung funktionieren solle. Etwas ist gefährlich aus dem Lot geraten, wenn ge-

„Wie kann es einer guten öffentlichen Politik entsprechen, eine noch größere Machtkonzentration in nicht nur einem, sondern zwei Flügeln der Vierten Macht zuzulassen?"

die Kontrolle über nahezu 40 Prozent der britischen Presse und einem Broadcaster fast 6 Millionen Pfund (rund 7,2 Millionen Euro) an Einkünften verschaffen, verglichen mit den mehr als 3,5 Millionen Pfund (rund 4,2 Millionen Euro) an Lizenzgebühren für die BBC.

Nun, ich bin mir im Klaren darüber, dass beim bloßen Aufwerfen dieser Frage so mancher sofort an eine Diskussion über Rupert Murdoch denkt. Das ist nicht der Punkt. Es gibt niemanden, von dem ich mir wünsche, dass er so viel Macht auf sich vereinen solle. Nicht der Scott Trust, nicht die BBC, nicht Arthur Sulzberger, nicht der Vorsitzende der Generalversammlung der Kirche von Schottland. Nicht einmal der „heiligmäßige" David Attenborough.

Doch es hat sich ergeben, dass die Ereignisse des vergangenen Jahres, nach den Enthüllungen des Telefon-Hackings wählte Mitglieder des Parlaments – wie es kürzlich geschah – eingestehen, dass sie davon abgehalten worden seien, ein bestimmtes Medienunternehmen zu überprüfen oder zu kritisieren, aus Angst, was dieses Unternehmen ihnen antun könnte. Oder wenn ehemalige Mitarbeiter einer Firma – die wissen, was dort vorgefallen ist und wozu das Unternehmen imstande wäre – zu große Angst davor haben, öffentlich über das zu sprechen, was sie wissen.

Wie kann es im Bewusstsein der abschreckenden Wirkung, die ein großes Medienunternehmen auf das öffentliche Leben und Institutionen haben kann, einer guten öffentlichen Politik entsprechen, eine noch größere Machtkonzentration in nicht nur einem, sondern zwei Flügeln der Vierten Macht zuzulassen? Sie können alle Arten von Metrik hinsichtlich Reichweite und Engagement entwerfen und eine Reihe von Definitionen präsentieren darüber, was einen Markt ausmacht, um das zu rechtfertigen – und, glauben Sie mir, das wird geschehen – und doch wäre es falsch.

Daher sind Zeitungen und Broadcaster in Großbritannien erstmals in der Geschichte zusammengekommen, um gegen diesen Schritt aufzubegehren, und aus eben diesem Grund ist vor Kurzem in einer von David Puttnam angeregten Debatte im House of Lords wahrlich jeder Redner dagegen aufgetreten.

Wie Lord Gavron in der Debatte sagte, war nicht ein handfestes Vorurteil gegen den Namen Murdoch der Auslöser für dieses stark verbreitete Gefühl. Tatsächlich würdigte er Rupert Murdoch, den er persönlich kennt, als „geradlinig, loyal und ehrenhaft". Doch warnte er für den Fall, dass die Regierung diesen Deal durchgehen lassen sollte, davor, „dass wir am Ende einen russischen Oligarchen, einen arabischen Prinzen oder einen Hedgefonds-Millionär" in einer ähnlichen Position der Kontrolle „haben könnten".

UND NUN ZUM DRITTEN SEKTOR, der die ganzen Probleme verursacht.

Der digitale Raum – ohne jetzt in eine komplexe Diskussion über die Neutralität des Netzes einzusteigen – gehört niemandem und wird durch niemanden reguliert. Folglich handelt es sich hierbei um einen Typ von Medium, der ganz anders ist als die beiden, über die ich bisher gesprochen habe.

Er entwickelt sich so schnell, dass wir ganz vergessen, wie neu er eigentlich ist. Es ist völlig einleuchtend, dass jene unter uns, die zumindest mit einem Bein in den herkömmlichen Medien stehen, voller Ungeduld darauf dringen, das Geschäftsmodell zu verstehen, das uns in die Lage versetzen möge, uns selbst in digitale Unternehmen zu verwandeln und dabei weiterhin die Gewinne einzustreifen, die wir vor der Erfindung des Web genossen, vom verblüffenden Zerfall des Web 2.0 gar nicht zu reden. Doch zuerst müssen wir verstehen, wogegen wir uns überhaupt wehren. Ich staune immer wieder, wie schwer es Personen, die einflussreiche Positionen im Medienbereich innehaben, fällt, über den Tellerrand ihres eigenen Mediums hinauszusehen und zu beobachten, was dieses Tier, das als soziales oder offenes Medium bezeichnet wird, eigentlich tut. Wie es sich jetzt gerade benimmt, wozu es in Zukunft fähig sein wird.

In einer Beziehung gibt das Web 2.0 kein großes Rätsel auf. Hier geht es um das Faktum, dass andere Menschen auch gerne das machen wollen, was wir Journalisten machen. Wir kreieren gerne etwas – Worte, Bilder, Filme, Grafiken – und veröffentlichen das auch gerne. Wie sich herausgestellt hat, wollen das auch alle anderen tun.

500 Jahre seit Gutenberg konnten sie das nicht tun; jetzt können sie es tun. Tatsächlich können sie viel mehr tun, als es uns jemals möglich war.

All das ist im Nu geschehen. Hier liegt ein Problem – die Schnelligkeit der Revolution, die Krümmungen –, das zweite Problem besteht darin, dass es für uns Journalisten schwierig ist, zu sehen, was um uns herum passiert, und es in Beziehung zu setzen zu dem, was wir seit jeher gemacht haben. Die meisten dieser digitalen Neulinge haben nicht den Anstrich von Medienunternehmen. Ebay? Kauft und verkauft etwas. Amazon? Ebenfalls. Trip Advisor? Urlaub auf die Schnelle. Facebook? Dort posten Teenager all das Zeug hin, das sie im späteren Leben unvermittelbar macht.

WENN DAS ALLES IST, was wir sehen, wenn wir uns diese Websites anschauen, dann haben wir etwas nicht kapiert. Schon sehr frühzeitig zwang ich alle leitenden Redakteure, sich mit Facebook anzufreunden, damit sie für sich selbst verstünden, wie diese neuen Arten der Kreativität und der Verbindung funktionieren. Ebay kann uns lehren, wie wir mit Angelegenheiten des Prestiges und der Identität umgehen und mit unseren Lesern zurechtkommen sollen. Amazon und Trip Advisor können die Macht der Beurteilung durch Ebenbürtige offenbaren.

Wir sollten verstehen, was es mit Tumblr oder Flipboard oder Twitter auf sich hat – diese sozialen Medien sind so neu, dass sie noch nicht einmal zu Blockbusters in Hollywood geworden sind.

Ich habe den Überblick darüber verloren, wie oft Menschen – einschließlich einer erstaunlichen Anzahl von Kollegen in Medienunternehmen – die Augen verdrehen, wenn man Twitter erwähnt. „Keine Zeit dafür", sagen sie. „Albernes Geschwätz über das, was Twits zum Frühstück schlucken. Hat nichts mit dem Nachrichtengeschäft zu tun."

Nun, ja und nein. Leeres Geschwätz, ja sicher, Unmengen davon. Aber zu behaupten, dass Twitter nichts mit dem Nachrichtengeschäft zu tun habe, ist beweglichen Lettern. Das ist vom journalistischen Standpunkt von großer Bedeutung. Und wenn Sie für Content etwas berechnen wollen, dann ist das vom geschäftlichen Standpunkt wichtig. Die Lebenserwartung eines großen Teils der exklusiven Information kann jetzt in Minuten, wenn nicht in Sekunden, berechnet werden. Das hat tief greifende Auswirkungen auf unser Wirtschaftsmodell, vom Journalismus gar nicht zu reden.

2. BEI TWITTER PASSIEREN DIE DINGE ZUERST

Nachrichtenorganisationen bringen noch immer eine große Menge an Breaking News. Doch in zunehmendem Maße passieren News zuerst auf Twitter. Wenn Sie ein regelmäßiger Twitter-Nutzer sind, obwohl Sie im Nachrichtenge-

> „Zu behaupten, dass Twitter nichts mit dem Nachrichtengeschäft zu tun habe, ist eine denkbar falsche Annahme."

eine denkbar falsche Annahme. Hier habe ich im Kopf 15 Punkte gesammelt, wo Twitter ziemlich effizient ist und welche von größtem Interesse für jeden sein sollten, der mit Medien zu tun hat, egal auf welcher Ebene.

1. TWITTER IST EINE ERSTAUNLICHE FORM DES VERTRIEBS

Twitter ist eine höchst effiziente Art, Ideen, Informationen und Inhalte zu verbreiten. Lassen Sie sich nicht von der Beschränkung auf 140 Zeichen beirren. Viele der besten Tweets sind Links. Es geschieht auf der Stelle. Die Reichweite kann immens sein. Warum ist das von Bedeutung? Weil wir uns auch um den Vertrieb kümmern. Wir stehen nun im Wettbewerb mit einem Medium, das viele Dinge unvergleichlich schneller bewältigen kann als wir. Das führt uns zurück zum Kampf zwischen Kopisten und schäft tätig sind und Zugang zu den Nachrichtenagenturen haben, haben Sie die Chance, über viele Gerüchte betreffend Breaking News zuallererst über Twitter zu erfahren. Es gibt da draußen Millionen von menschlichen Monitoren, die die kleinsten Details aufschnappen und die den gleichen Instinkt haben wie die Agenturen – die News als Erste zu bringen. Je mehr Menschen daran teilnehmen, umso besser wird es laufen.

3. TWITTER IST ALS SUCHMASCHINE EIN RIVALE FÜR GOOGLE

Viele Menschen haben noch immer nicht ganz begriffen, dass Twitter in mancher Hinsicht besser ist als Google, wenn es um das Herausfinden von Nachrichtenstoff geht. Google muss sich darauf beschränken, Algorithmen zu verwenden, um in den unwahrscheinlichsten versteckten

Winkeln des Web Informationen auszuspähen. Twitter geht einen Schritt weiter – indem es die Massen-Fähigkeiten der menschlichen Intelligenz für die Macht von Millionen nutzbar macht, mit dem Ziel, neue, wertvolle, relevante oder unterhaltsame Information zu finden.

4. TWITTER IST EIN AUSGEZEICHNETES TOOL FÜR AGGLOMERATION

Sie nutzen Twitter, um Information über irgendein für Sie interessantes Thema zu sammeln, und Sie gelangen oft zur besten Information, die es dazu gibt. Es wird zu Ihrer personalisierten Nachrichteneinspeisung. Wenn Sie die interessantesten Menschen verfolgen, werden Ihnen diese mit allergrößter Wahrscheinlichkeit die interessantesten Informationen zukommen lassen. In anderen Worten, nicht nur Sie sind auf der Suche. Sie können sich zurücklehnen und andere Menschen, die Sie bewundern oder respektieren, für Sie suchen und sammeln lassen. Noch einmal, es gibt keine andere Organisation, die an diese kombinierte Macht all dieser Arbeitsbienen herankommen könnte, welche Informationen sammeln und verteilen, oder diese gar übertreffen könnte.

5. TWITTER IST EIN GROSSARTIGES TOOL FÜR REPORTER

Viele der besten Reporter nutzen jetzt routinemäßig Twitter als Hilfsmittel, um Informationen zu ergattern. Dabei kann es um einfache Anfragen gehen, um etwas in Erfahrung zu bringen, was andere Menschen bereits wissen, zur Hand haben oder leicht ausfindig machen können. Die sogenannte Weisheit der Massen kommt dabei ins Spiel: die „Sie wissen mehr als wir"-Theorie. Oder Sie haben es einfach eilig und wissen, dass jemand da draußen die Antwort schnell parat hat. Oder es kann sich um Reporter handeln, die Twitter nutzen, um Zeugen für gewisse Vorkommnisse zu finden – Menschen, die zur rechten Zeit am rechten Ort waren, die sonst aber schwer zu finden wären.

6. TWITTER IST EINE FANTASTISCHE ART DES MARKETINGS

Sie haben Ihr Stück oder Ihren Blog geschrieben. Vielleicht haben Sie andere in Ihre Recherche eingebunden. Jetzt können Sie ihnen allen mitteilen, dass es fertig ist, sodass sie auf Ihre Site kommen können. Sie machen Ihre Anhängerschaft darauf aufmerksam. In der Marketing-Sprache – das fördert den Austausch und fördert das Engagement. Wenn ihnen das, was sie lesen, gefällt, dann werden sie anderen davon erzählen. Wenn sie es wirklich mögen, dann wird es, wie man sagt, zu einem „Viral". Ich habe nur 18.500 Fans. Wenn ich jedoch wieder Tweets von einem unserer Kolumnisten, Charlie Brooker, erhalte, komme ich auf fast 200.000. Wenn die IT des „Guardian" es aufgreift, erreicht es ein Publikum von 1,6 Millionen. Wenn Stephen Fry es wahrnimmt, wird es global.

7. TWITTER IST EINE SERIE VON KONVERSATIONEN

Oder kann es sein. Die Menschen lesen, was Sie geschrieben haben, und verbreiten es weiter, und sie können antworten. Sie können zustimmen oder anderer Meinung sein, oder sie können es verurteilen. Sie können anderswo bloggen und sich verlinken. Es gibt nichts Schlimmeres, als etwas zu schreiben oder auszustrahlen, ohne eine Reaktion zu erhalten. Mit Twitter erhalten Sie sofort eine Antwort. Das ist keine Übertragung, das ist Kommunikation. Fähigkeit, etwas in Realzeit zu teilen und zu diskutieren, und zwar mit einer ganzen Menge, mit Hunderten oder Tausenden Menschen. Twitter kann fragmentiert werden. Es kann das Gegenteil von Fragmentierung sein. Es ist ein paralleles Universum gemeinsamer Konversationen.

8. TWITTER IST ABWECHSLUNGSREICHER

Traditionelle Medien ließen nur einige wenige Stimmen zu. Twitter lässt jeden mitmachen.

9. TWITTER VERÄNDERT DEN TON DES SCHREIBENS

Zu einer guten Konversation gehören sowohl das Zuhören als auch das Reden. Sie wollen sowohl zuhören als auch reden. Sie wollen sich einbringen und unterhaltsam sein. Auf Twitter muss man sich offensichtlich kürzerfassen. Es gibt auch mehr Humor. Mehr Mischung von Kommentar und Fakten. Es ist persönlicher. Die erhöhte Plattform, auf der Journalisten manchmal zu sitzen glauben, wird beim Twittern weggefegt. Journalisten lernen schnell. Sie fangen an, anders zu schreiben.

10. TWITTER IST EIN NIVELLIERTES SPIELFELD

Ein anerkannter „Name" kann anfangs eine beträchtliche Anzahl von Fans anziehen. Wenn sie aber nichts Interessantes zu sagen haben, dann reden sie wie vor einem leeren Raum. Beim Twittern sammelt sich die Energie um Menschen, die Dinge spritzig und unterhaltsam sagen können, selbst „unbekannt" sind. Sie sprechen vielleicht zu einem kleinen Publikum, doch wenn sie etwas Interessantes sagen, kann das sehr wohl unzählige Male neuerlich veröffentlicht werden, und der Exponentialschritt dieser Vielfach-Übertragungen kann das Publikum der sogenannten großen Namen in den Schatten stellen. Schockierende Nachrichten: Manchmal können Menschen, die man früher als Leser kannte, griffigere Schlagzeilen und Beiträge schreiben als Journalisten.

11. TWITTER HAT EINEN ANDEREN NACHRICHTENWERT

Menschen, die twittern, haben oft eine völlig andere Wahrnehmung dessen, was eine Nachricht ist und was nicht. Was einem Journalisten hinsichtlich der Auswahl offenkundig erscheint, ist oft ganz anders als das, wie es andere sehen – was wir berichtenswert finden und was nicht. Die Macht von Zehntausenden Menschen, die diese andere Auswahl artikulieren, kann in die Newsrooms zurückschwappen und die Nachrichtenauswahl der Redakteure beeinflussen. Natürlich können wir das auch ignorieren. Aber sollten wir?

12. TWITTER HAT EINE LANGE AUFMERKSAMKEITSSPANNE

Normalerweise wird mit dem Gegenteil argumentiert – dass Twitter nur ein augenblicklicher, hoch kondensierter Bewusstseinsstrom sei. Das perfekte Medium für einen Goldfisch. Doch nutzen Sie Ihr Tweetdeck und folgen Sie einem bestimmten Schlüsselwort, Ereignis oder Thema, und Sie werden draufkommen, dass die Aufmerksamkeitsspanne von Twitter-Nutzern Zeitungen erblassen lässt. Sie werden Informationen ausspähen und sammeln über Themen, die sie betreffen, und zwar noch lange Zeit nachdem die Karawane der professionellen Journalisten schon weiter gezogen ist.

13. TWITTER SCHAFFT GEMEINSCHAFTEN

Gemeinschaften bilden sich am ehesten rund um besondere Anlässe, Menschen, Vorkommnisse, Fetische, Kultur, Ideen, Themen oder geografische Räume. Es kann sich um vorübergehende Gemeinschaften handeln oder um Langzeit-Gemeinschaften, um starke oder um schwache. Doch sind sie als Gemeinschaften erkennbar.

> „Manchmal können Menschen, die man früher als Leser kannte, griffigere Schlagzeilen und Beiträge schreiben als Journalisten."

14. TWITTER VERÄNDERT DIE AUFFASSUNG VON AUTORITÄT

Anstatt die Experten-Meinungen anderer – meist von uns Journalisten – abzuwarten, verschiebt Twitter die Balance zu der sogenannten „Peer-to-Peer"-Autorität. Es ist nicht so, dass die Twitterer ignorieren, was wir sagen – im Gegenteil (siehe oben, Vertrieb und Marketing), sie werden unsere effizientesten Übermittler und Beantworter. Doch wir machen uns selbst etwas vor, wenn wir nicht glauben, dass da noch eine andere Kraft im Spiel ist – dass sich eine 21-jährige Studentin zu den Ansichten und Vorlieben von Menschen, die so aussehen und so reden wie sie, eher hingezogen fühlt. Oder eine 31-jährige Mutter von Kleinkindern. Oder ein 41-jähriger leidenschaftlicher Kerl zu Politik und der Rockmusik seiner Jugend.

15. TWITTER IST EIN AGENT DES WANDELS

Je mehr die Fähigkeit der Menschen, sich um Themen zu sammeln und sich darüber auch zu artikulieren, zunimmt, umso stärker sind auch die Auswirkungen auf Menschen in Positionen. Unternehmen lernen bereits, die Macht der kollaborativen Medien zu respektieren, ja zu fürchten. Die sozialen Medien werden in zunehmendem Maße zu einer Herausforderung für die konventionelle Politik und zum Beispiel die Gesetze hinsichtlich Ausdrucks- und Redefreiheit.

JETZT KÖNNTE MAN EINE weitere Auflistung machen über Dinge, die irritierend sind an der Art und Weise, wie die Menschen Twitter benutzen. In Sachen Komplexität ist es nicht gut – obwohl es Links zu Komplexität herstellen kann. Es kann frustrierend reduktiv sein. Es macht nicht, was investigative Reporter oder Kriegsberichterstatter machen. Es verifiziert von sich aus keine Fakten. Es kann unkonzentriert, unkritisch und ausufernd sein. Außerdem führe ich Twitter nur als ein Beispiel der Macht der offenen oder sozialen Medien an. Twitter kann das Schicksal anderer, schon vergessener Flashes in der digitalen Pfanne erleiden. Die Kehrseite von Twitter bedeutet auch, dass die volle Tragweite der weltweiten Aufmerksamkeit mit einem einzigen instabilen Stück Information steht und fällt. Doch wir können sicher sein, dass die Triebkraft hinter diesen Formen der offenen Medien nicht nachlässt und dass wir einen sehr schweren Fehler machen, sowohl von der journalistischen als auch von der wirtschaftlichen Warte, wenn wir die Augen vor ihren Möglichkeiten verschließen.

Wir können jetzt besser erfassen, was Raymond Williams voraussah, als er über das schrieb, was er vor 60 Jahren für die wahre Kommunikation hielt. Für ihn war es das, was er als „aktive Rezeption und lebendige Antwort" bezeichnete. Dafür bedurfte es nach seiner Ansicht einer „effizienten Gemeinschaft der Erfahrung" und einer „Erkenntnis der praktischen Gleichheit". Williams glaubte tatsächlich, dass wir ohne einen solchen Mechanismus nicht als Kulturgemeinschaft überleben könnten.

Natürlich sind soziale Medien allein nicht genug. Ich möchte sie auf keinen Fall über die traditionellen Medien stellen. Wir sollten uns freuen, nicht ärgern, dass Twitter in mancher Hinsicht ein Parasit ist – dass viele der Hinweise und Links Menschen zu den sogenannten legalen Medienunternehmen führen, die weiterhin in Reporterarbeit vom Schauplatz investieren, die weiterhin die Behörden konfrontieren, Dinge herausfinden, einen Kontext darstellen und etwas erklären.

Doch ich glaube, dass wir uns keine Grenzen setzen sollen, wenn es darum geht, so viel wie nur möglich darüber zu lernen, wie Menschen diese post-Gutenberg'sche Fähigkeit des Kreierens und Teilens anwenden – und dass wir diese Lektionen in unsere journalistischen und geschäftlichen Aktivitäten reimportieren sollten. Es geht nicht darum, dass wir uns alle auf Twitter stürzen sollten. Wir können auch unsere eigenen Medien kollaborativ und offen machen.

VERTRIEB, BREAKING NEWS und Agglomeration? Beim „Guardian" und beim „Observer" haben wir über 450 Personen auf Twitter, zusammen mit 70 verschiedenen monothematischen Sites oder sektoralen Feeds. Unsere Journalisten sind dort draußen, sie erreichen damit ein Publikum, das sich von der Kernleserschaft des „Guardian" unterscheidet, das auf der Suche nach Hilfe, Ideen, Feedback ist, das an der gemeinsamen Konversation teilnimmt.

Reporter nutzen die offenen Medien als einen Weg, Quellen, Gemeinschaften und Publikum zu finden. Die Auffassung einer Geschichte – mit einem Einstieg und abschließenden Feststellungen – verändert sich. Livebloggen kann im Zusammenhang mit spezifischen Geschehnissen ein Millionenpublikum schaffen.

Rolle von Kritikern, Kommentatoren und Fotografen zu schlüpfen. Sie lieben es mitzuhelfen, gegen gerichtliche Verfügungen vorzugehen, und darum gebeten zu werden, ihre speziellen Kenntnisse einzubringen oder ihre Erfahrung darzulegen. Sie haben das Gefühl, dass einiges von dem Zeug, das sie bringen, dürftig ist? Ich stimme Ihnen zu. Lernen wir von Ebay etwas über Prestige, Ranking oder Identität.

Wir experimentieren mit offenen Daten und offenen APIs. Wir wollen testen, unseren Content dahin zu verteilen, wo unsere Leser sitzen, am liebsten mit einer angefügten Werbung. Einige der radikaleren Ideen werden reüssieren, andere nicht.

Diese offene und kollaborative Zukunft des Journalismus – ich habe den

„Verlinken ermöglicht Ihnen, den Journalismus in das Herz der Themen, der Nachrichten und der Information zu stellen."

Verlinken ermöglicht Ihnen, den Journalismus in das Herz der Themen, der Nachrichten und der Information zu stellen.

Anstatt zu versuchen, alles selbst zu schreiben, werden wir zunehmend zu einer Plattform und zu einem Herausgeber. Es begann 2006 mit „Kommentar ist frei". Bald wird unsere kulturelle Berichterstattung genauso offen und kollaborativ sein. Wir haben das mit unserem Netzwerk von Umwelt- und Wissenschafts-Blogs gemacht: der Verkehr ist seit Jahresbeginn um 800 Prozent angestiegen. Wir profitieren von Experten-Content und von größerem Publikum. Sie teilen sich die Einkünfte. Wir können die Anfänge eines virtuellen Kreislaufs erkennen. Wir machen uns die Leser in unseren handfesten Recherchen zunutze.

Raten Sie mal. Die Leser lieben es, eingebunden zu werden. Sie lieben es, in die

Begriff „mit Wechselwirkung" (mutualised) bemüht, um etwas von dem Feeling zu beschreiben, das die Beziehung zwischen dem neuen Journalismus und unseren Lesern, Quellen und Werbern an sich hat – schaut schon anders aus als der frühere Journalismus. Je mehr wir andere einbinden können, umso mehr werden diese in Zukunft zu engagierten Teilnehmern, statt nur Beobachter oder, was schlimmer ist, ehemalige Leser zu sein. Das ist keine Theorie. Es läuft schon so.

Ja, wir werden einiges davon in Rechnung stellen – wie wir es in der Vergangenheit getan haben – während wir den Großteil offen lassen. Meine Kollegen aus dem kommerziellen Sektor des „Guardian" sind fest davon überzeugt, dass unser „wechselseitiger" Zugang (mutualised) neue Optionen zum Geldverdienen eröffnet und nicht verschließt.

Ich möchte Menschen, die einen anderen Weg beschreiten, nicht kritisieren. Sie können Pluralität predigen und für ein einziges Modell des Journalismus eintreten oder gegen Versuche, alternative Wege der Finanzierung zu finden, was wir machen.

Ich habe immer argumentiert, dass es gut ist, wenn verschiedene Organisationen einen unterschiedlichen Kurs auf die Zukunft nehmen. Und die Modelle, die gegenwärtig auftauchen, sind sehr unterschiedlich.

UNSER WEB-VERKEHR erreichte im vergangenen Monat etwas mehr als zwei Millionen Browsers täglich. Eine unabhängige Gesellschaft, die das britische Web-Publikum der „Times" im September gemessen hat, fand heraus, dass ihr Web-Verkehr – iPad-Applikationen nicht inbegriffen – um 98 Prozent gefallen war, als die Nutzer an die Bezahlungsschranke stießen.

Ausgefeiltere Analysten als ich haben ausgerechnet, dass der Inhalt hinter der Paywall aus diesem Grund ein gesamtes globales Publikum von rund 54.000 monatlich schafft, von denen etwa 28.000 für den digitalen Content bezahlen (der Rest sind Abonnenten der Print-Ausgabe).

Das soll keine Kritik an der „Times" sein: dieser Weg kann sinnvoll sein aus ihrer Sicht der Zukunft. Die Jury für die entsprechenden Finanzierungsmodelle verschiedener Zugänge wird noch eine Weile auf sich warten lassen. Auch diese Vergleichszahlen weisen auf völlig unterschiedliche Ideen über Umfang, Reichweite, Publikum, Engagement, Ambitionen ... und den Journalismus selbst hin.

Das war also eine kurze Tour durch die Vierte Macht.

Ich vermute, wir würden die BBC heute nie erfinden – der Zeitgeist spricht dagegen. Die Themen über Pluralität sind komplex. Wenn etwas vom Zerfall bedroht ist, bedarf es der größten Weisheit, um zu wissen, wie und wann es zu intervenieren gilt, um einen Wandel zu ermöglichen und zugleich das Wertvolle – oder vielmehr das Notwendige – zu bewahren.

Was den digitalen Sektor betrifft, so halte ich es mit den Utopisten – ich bin mir völlig bewusst, dass einige darin einen Missbrauch erblicken. Um einen Blogger zu zitieren, beim sozialen Web geht es nicht um das Ende dessen, was vorher war, sondern um den Ausgangspunkt dessen, was als Nächstes kommt: reichere und komplexere Gesellschaften. Mir wird manchmal ganz schwindlig angesichts der Möglichkeiten, die uns neue Technologien bieten, um bessere Journalisten zu sein: um ein noch größeres Publikum zu erreichen; um mehr Einfluss zu haben; um in das erstaunlichste Netzwerk der Information eingebettet zu werden, das die Welt jemals gesehen hat oder das sie sich jemals vorstellen konnte.

Was das 16. Jahrhundert betrifft, so ist es das Privileg unserer Generation, sich nicht nur die Zukunft der Information vorzustellen, sondern die ersten Schritte auf einer Route zu setzen, um die Straße, auf der Information kreiert und verbreitet wird, neu zu gestalten.

Wie der große Autor CP Scott über die technologischen Veränderungen in den Medien schrieb, als der „Guardian" 1921 seine ersten 100 Jahre feierte: „Was für eine Veränderung für die Welt! Was für eine Chance für die Zeitung!"

TREND

Durch das Fenster auf galoppierende Pferde springen

„Der Journalismus muss sich ständig neu erfinden", fordert Janet L. Robinson. Dann würden Leser für ihre Nachrichten zahlen – auch online.

Janet L. Robinson ist Geschäftsführerin der „New York Times". Die unten stehende zusammengefasste Rede hielt sie im Oktober beim World Editors Forum in Hamburg.

In einer Ära des Journalismus, die zweifellos eine Herausforderung darstellt, aber sehr spannend ist, möchte ich über die emotionale Einbindung unseres Publikums erzählen. Bei unserer Tätigkeit werden wir dafür bezahlt, dass wir etwas schaffen, was in der Welt, in der wir leben, von vitaler Bedeutung ist.

Es ist eine unbestrittene Realität, dass die Beherrschung der neuen Technologien, der neuen Medien und der neuen Mittel zur Einbeziehung des Publikums zugleich eine Herausforderung und eine Chance bedeutet, und doch sind wir zuallererst und in erster Linie Geschichtenerzähler und unvoreingenommene Zeugen für das wichtige Tagesgeschehen.

Und es mag verwegen erscheinen, von unseren Lesern zu verlangen, zu bezahlen, in einer Zeit, wo so viel Content gratis verfügbar ist, doch das ist kein Präzedenzfall. Ich glaube fest daran, dass unser Publikum loyal und engagiert ist und eine Bereitschaft zum Bezahlen zeigen wird (wie sie es auch im Printsektor tun), wenn wir weiterhin mit unserer Marke gute Leistungen garantieren, was die Produktion von Nachrichten und Meinung hoher Qualität in einem breiten Spektrum von Medienplattformen betrifft.

Unser lange behütetes Verteilungsmodell – Druckerschwärze auf Zeitungspapier – erfreut sich der wohlverdienten Treue vieler Leser, und das wird auch noch viele Jahre so sein, doch zusätzlich müssen vorausdenkend Medien und Informationsunternehmen die Erfahrungen der Leser erweitern. Wir müssen uns einem permanenten Beta-

Test stellen, lernen, kreativ zu sein und mit Geschwindigkeit und Beweglichkeit zu agieren – um die Erfahrung der Konsumenten zu maximieren und auf diese Weise unsere Konsumenten- und Werbe-Einkommensströme zu maximieren.

Aber bevor ich auf die Veränderungen beim Testen, Lernen und Kreieren eingehe, möchte ich Ihnen schildern, was wir nicht ändern wollen. Gelegentlich blicken die in Newsrooms Tätigen mit einer milden Form der Skepsis auf die geschäftsmäßige Seite der Aktivitäten, weil sie dort ein mangelndes Verständnis oder mangelnde Wertschätzung des journalistischen Handwerks und der Bedeutung der Verpflichtung zur Qualität wahrzunehmen glauben. Im Unternehmen der „New York Times" verstehen wir, was Qualität ist, und auch das Team der Geschäftsführung versteht, wie

Wir ziehen uns nicht aus dem Sektor der gedruckten Zeitungen zurück. Wir werden noch sehr, sehr lange Zeitungen drucken, um eine sehr große und treue Leserschaft und Werbekunden zu erfreuen, die beträchtlich zu unseren Gewinnen beitragen und die sich zum Lesen der gedruckten Presse und zum kommerziellen Nutzen bekennen, den die Bewerbung eines hoch engagierten Print-Publikums bringt.

Die gedruckte Presse ist eine sehr profitable Säule unseres Unternehmens und wir werden sie unterstützen.

Doch wie können wir in einem geschäftlichen Umfeld bestehen, in dem technische Innovationen, ein sich veränderndes Konsumentenverhalten sowie komplexe Tools und Taktiken einander bekämpfen.

Das ist nicht neu, und das alles ist wahr. Was ist für uns neu! Unser Unternehmen –

> „Es entspricht unserer Unternehmensphilosophie, dass wir uns zur Schaffung eines Qualitätsjournalismus bekennen, unabhängig vom Vertriebsmodell."

wichtig es ist, unseren Newsrooms die Mittel zur Verfügung zu stellen, die sie benötigen, um Geschichten nachzugehen, welche die Erwartungen unserer Leser erfüllen und übertreffen.

Ich möchte mich deutlich ausdrücken, denn ich spreche im Namen aller meiner Kollegen aus dem Geschäftsbereich des „New York Times"-Unternehmens. Es entspricht unserer Unternehmensphilosophie, dass wir uns zur Schaffung eines Qualitätsjournalismus bekennen, unabhängig vom Vertriebsmodell. Wir stehen beharrlich und unerschütterlich zu dieser Verpflichtung. Wir halten an dieser Verpflichtung fest, wobei wir offen dazusagen, dass unser Journalismus uns abgrenzt. Er unterscheidet uns. Er definiert uns. Er ist die Garantie unserer Marke gegenüber unserer gesamten Leserschaft, und wir werden ihn schützen.

Ich möchte auch eine andere Verpflichtung ansprechen, an der wir nichts ändern.

Ihr Unternehmen – befindet sich mitten in einer Phase, wo es sich selbst in dramatischer Weise neu erfinden muss. Jahr für Jahr arbeiten wir mit einem sehr hohen Maß an Disziplin, Kreativität, und, ja, Optimismus.

Jahr für Jahr lassen wir uns leiten von einem neuen Verständnis dessen, was aus uns geworden ist, und, was wichtig ist, einem ausgeprägten Sinn für das, was wir sein können. In all diesen Überlegungen haben wir uns ein Grundprinzip angeeignet, das unsere Profession leiten wird: qualitativer Journalismus und qualitativer Profit gehen Hand in Hand. Ja, das klingt ziemlich einfach, doch es ist ein Konzept, das noch immer sehr heiß umstritten ist.

Es ist erstaunlich, wie oft ich Gespräche mit sehr intelligenten und aufmerksamen Menschen habe, die zutiefst überzeugt sind, dass alle Nachrichten- und Informationsquellen irgendwie gleich sind.

DA ES SICH BEI DIESEN LEUTEN normalerweise nicht um Journalisten handelt und sie nicht in den Medien arbeiten, frage ich sie, in welcher Branche sie tätig sind und ob in ihren Berufen Abstufungen von Produkten und Fähigkeiten existieren. Die Antwort ist immer die gleiche: „Selbstverständlich", denn was sie anbieten, sei Premium-Ware und gehöre zum Besten seiner Art. Dann frage ich, ob sie eine gerechte Kompensation erhalten sollten für das, was sie liefern ... und sie bejahen das.

Dann erkundige ich mich, ob ein Pulitzer-Preisträger, der als Kriegskorrespondent in einen Zug der US-Kriegsmarine inmitten eines Feuergefechts in Afghanistan eingebettet war, etwas Besonderes zu sagen hat und ob seine oder ihre Tätigkeit einen unterschiedlichen Marktwert hat.

Wir alle kennen die Antwort, und die Gesprächspartner stimmen ausnahmslos zu, dass Weltklasse-Nachrichten und -Informationen größeren Wert haben.

Dann frage ich denjenigen, darüber nachzudenken, was 2010 im globalen Nachrichtensystem geschieht, das überbordet von Ungewissheiten, Übergängen, Turbulenzen, Drohungen und, ja, Versprechen.

Der Bedarf an intelligenter, gebildeter Berichterstattung und Geschichtenerzählung ist größer denn je.

Die erste Lektion dieses Sokrates'schen sozialen Austauschs besagt, dass Leser, egal wo sie leben, egal wie hoch ihr Bildungsgrad ist, egal wie sie sich den Lebensunterhalt verdienen, mehr wissen müssen, und dabei bedürfen sie einer Anleitung von vertrauenswürdigen, gesicherten Quellen. Das ist auch der Grund, warum die Zunft der Journalisten aggressiv und aufmerksam auf die Leserwünsche nach mehr Information und mehr Nachrichtenquellen reagiert.

Aber es geht nicht nur um die Belieferung mit Information. Es geht darum, ein neues Informations-Ökosystem zu beherrschen, das sich regelmäßig neu konfiguriert. Diese unsere Herausforderung ruft uns ein Zitat von Shimon Peres in Erinnerung. Er sagt: „Die Geschichte ist wie ein Pferd, das an Ihrem Fenster vorbeigaloppiert, und die wahre Prüfung eines Staatsmannes besteht darin, aus diesem Fenster auf das Pferd zu springen."

Peres' Beobachtung könnte leicht auf die Herausforderungen angewendet werden, denen wir gegenüberstehen. In zunehmendem Maße erblicken wir „Pferde" in der geschmeidigen Gestalt von iPads, Kindles, Smartphones und Apps – also bereiten Sie sich vor. Wir alle müssen trainieren, aus dem Fenster zu springen, wenn wir ein Pferd sehen.

Angesichts dieser Herausforderungen finden wir, dass sich das Leben verändert hat. Der Wettbewerb hat sich verändert. Doch worin bestehen die grundsätzlichen Unterschiede?

An erster Stelle steht der Konsument – mit einer Auswahl in Hülle und Fülle, der die Macht und den Willen hat, seine Präferenzen auszuspielen.

Ein anderer Unterschied ist die breite Palette an Kriegsschauplätzen. Sie sind global, mit einer expansiven geopolitischen Ausrichtung. Denken Sie nur, welche Wellenbewegungen irgendein Ereignis 2010 ausgelöst hat, das Ihnen einfällt.

EIN WEITERER UNTERSCHIED besteht darin, dass das Internet bessere Tools liefert, um einzufangen und zu involvieren. Diese Tools müssen umfassend dafür eingesetzt werden, unsere Leser in unseren Content einzubinden. Wir müssen von den Lesern lernen, und wir müssen ihre Meinung einfordern. Wir müssen ihnen erlauben – nein – wir müssen sie zur Interaktion ermutigen. All diese Veränderungen und Unterschiede benötigen Kreativität, Disziplin, professionelle Durchführung, echte Innovation und Neuerfinden. In der New York Times Company machen wir uns tagtäglich diese Bedürfnisse zu eigen und haben tatsächlich in proaktiver Weise unsere Fähigkeit des Neuerfindens verbessert.

Im Lauf des Jahres kündigten wir an, dass „The New York Times" Anfang 2011 ein Bezahlmodell starten werde. Unser

Abonnementmodell wird unseren Lesern einen Gratis-Zugang zu einer bestimmten Anzahl von Artikeln monatlich ermöglichen, bis sie ein gewisses Limit erreichen, wo sie zur Bezahlung aufgefordert werden.

Unser Bezahlmodell wird den Vorteil haben, dass Millionen Leser, auf die von anderen Sites hingewiesen wird, wie Blogs, Suchmaschinen und Social-Media-Plattformen, mit dem ersten Klick Zugang zu unserem Content erhalten. Unter Anwendung dieser Flexibilität wird nytimes.com Teil des Open-Web-Ökosystems bleiben, was uns helfen wird, unsere große Nutzerbasis und unseren Werbesupport zu erhalten.

Seit Anfang 2010 hat das Unternehmen die notwendige Technologie aufgebaut, indem eine nahtlose Online-Erfahrungsschiene für den Leser entworfen und entwickelt wurde. Wir sind dabei, diese Arbeit im Einklang mit unserem Produkt-Design und unseren Marketing-Plänen abzuschließen.

Wir werden weitere Spezifika betreffend die Metrik, die Artikelzählung, die Kunden-Schnittstellen, die Produktbündelung und das Preisniveau ankündigen. Wir haben uns viele Gedanken gemacht über die Vorbereitung dieser Konversation, und wir sind entschlossen, unseren Lesern reiche und umfassende Erfahrung anzubieten.

Erfolgreiche Bezahlmodelle für Content sind uns nicht fremd. Unser erstes Bezahlmodell war Times Select, ein erstklassiges Modell von zweischichtiger Architektur, das unsere Meinungskolumnisten und Archive anbot.

Dieses Pionierprogramm generierte sehr beachtliche Einkünfte und Lesersupport, und es unterstrich die Zahlungsbereitschaft der Leser. Wir beendeten Times Select wegen der wachsenden Dominanz der Suchnutzung im Web. Die Suchfunktion war damals ein Weg zu einem exponentiellen Publikumswachstum, und wir wollten von diesem Trend profitieren, um unsere Basis an treuer Leserschaft auszuweiten und in der Folge die Liste von Werbern, die diese Leser erreichen wollten, zu erweitern. Als wir uns für die Entscheidung über das Bezahlmodell 2010 vorbereiteten, begann unsere Analyse mit einer Konstanten: dem unstillbaren Wissensdrang des Publikums. Unsere Analyse hat eine Bereitschaft ergeben, für Qualitätsinhalt zu bezahlen, und wir haben alles getan, was nur möglich ist, und werden dies weiter tun, um unsere Bezahl-Angebote auf

„Erfolgreiche Bezahlmodelle für Content sind uns nicht fremd."

jede neue digitale Plattform und jedes neue digitale Gerät auszudehnen. Auf diese Weise wird altes und neues Publikum seine Qualitätsnachrichten und -information in jeder gewählten Form erhalten.

Indem wir diese breit angelegte Distribution unseres Inhalts liefern, werden wir unsere Einkommensbasis diversifizieren und ergänzen und unser Publikum vergrößern. Wir haben bereits angekündigt, dass der „Boston Globe" in der zweiten Hälfte 2011 eine bezahlte Abonnement-Website – bostonglobe.com – auf den Markt bringen will – und dass boston.com gratis bleiben wird. Diese Zwei-Marken-Strategie wird uns erlauben, einem breiteren Spektrum von Konsumenten und Werbern besser zu dienen, einen zweiten Einkommensstrom zu schaffen und Innovationen auf den Sites zu fördern.

BOSTON.COM IST BEREITS eine der größten regionalen Websites unseres Landes. Indem diese für die Leser gratis bleibt, wird sie weiterhin die One-Stopp-Quelle für Information über Boston bleiben. Bostonglobe.com wird als eine neue Abonnement-Seite eingeführt, die alle Neuigkeiten und Informationen enthält, welche in der täglichen Ausgabe und in der „Sunday Boston Globe" erscheinen, einschließlich Original-Content und Serviceleistungen.

Zu dieser Entscheidung sind wir nach ausgiebigen Recherchen gelangt, die uns zeigen, dass die derzeitige boston.com für mehrere Lesertypen attraktiv ist. Die beiden unterschiedlichen Sites werden uns erlauben, zu differenzieren und unterschiedliche Kunden in höchst effizienter Weise zu bedienen, bei gleichzeitiger Erweiterung der Werbemöglichkeiten.

Unsere Investition in unsere digitale Zukunft war ein entscheidender Bestandteil unserer Strategie, die in den frühen 1990er-Jahren angenommen wurde und der es zu verdanken ist, dass The New York Times Company heute mit 114 Millionen Nutzern das 13-größte Partnerunternehmen im Web ist und dass nytimes.com mit 43 Millionen Usern die weltweit populärste Zeitungs-Internetseite ist. Diese Fakten sind der Beweis dafür, dass wir kontinuierliche Investitionen getätigt und klare Fortschritte erzielt haben, um eine führende Stellung auf dem digitalen Medienmarkt zu erzielen, und diese beeindruckende Stellung vermittelt einen entscheidenden Aspekt unserer Auffassung von Werten: Leser honorieren Geschichtenerzählen von Qualität. Doch Qualität ist nur ein Teil der Gleichung. Um umfassend von diesen wechselnden Geschäftsmodellen und neuen Angeboten profitieren zu können, werden wir von der Suche nach einem größeren Engagement der Leser voll in Anspruch genommen.

Wir müssen den Charakter des Leserengagements berücksichtigen, denn je mehr Wert wir liefern, desto größer ist die Bereitschaft zum Zahlen. Sehr direkt ausgedrückt, ein stärkeres Engagement trägt zu unserem neu entwickelten Business-Bezahlmodell bei. Und die Werber fokussieren scharf auf die Engagement-Metrik, die eine entsprechende Anreicherung der User-Erfahrung durch Worte, Fotos, Video, Grafiken und volle Leser-Interaktion verlangt.

WIR MÜSSEN AUCH ZUR KENNTNIS nehmen, dass sich das Konsumentenverhalten ändert. Es gilt als erwiesen, dass die Konsumenten gerne online Käufe tätigen, ob es sich nun um den Kauf von Kleidern, den Erwerb von Büchern oder das Ergattern von Kinokarten handelt. Nutzer digitaler Dienste bezahlen gerne online für Musik und Video und diese Bequemlichkeit erstreckt sich auch auf das Kaufen und Abonnieren von Nachrichten- und Informations-Apps. Und wir glauben, wenn mehr Qualitäts-Content zur Verfügung steht, werden sie ihre Kaufkraft auch für die Bezahlung von News nützen, die sie brauchen und denen sie vertrauen.

Dies zu erreichen hängt zu einem großen Teil von der grundsätzlichen Art und Weise ab, wie wir unsere digitalen Tools benützen – in diesem Fall jene Tools, die wir verwenden, um Geschichten zu erzählen und unsere Leser mit menschlichen Emotionen zu fesseln.

Ja, wir sind uns bewusst, dass immer ein Verlangen nach Wissen bestanden hat. Doch heute geht es weit darüber hinaus, Nachrichten und Information zur angemessenen Zeit zu beschaffen, die in einem unwiderstehlichen Format und von einem brillanten Journalisten geschrieben sind.

Heute müssen wir in einem komplexen geschäftlichen Umfeld eine weitaus dynamischere Verbindung mit unserem Publikum herstellen, indem wir die uns zur Verfügung stehenden Tools voll nützen, und mit Partnern, mit denen eine Partnerschaft einzugehen wir uns vor lediglich zehn Jahren gar nicht hätten vorstellen können.

TREND

IN DER NEW YORK TIMES COMPANY können wir in zunehmendem Maße gut umgehen mit:
- Schaffung von aktualitätsbestimmten Gemeinschaften wie jene, die sich um unsere populären Blogs wie Dealbook gebildet haben;
- Anbieten von attraktiver Interaktivität, wie zum Beispiel die Landkarte, die das tägliche Fortschreiten des Ölteppichs im Golf aufzeigte, unter Verwendung einer Timeline;
- Bereitstellung ansprechender Foren für einen ausgedehnten, durch Leser generierten Inhalt, wie unsere „Gespräche im Gesundheitswesen";
- Beherrschung von Social-Media-Verbindungen und Entwicklung der Fähigkeit des Crowdsourcing, der Auslagerung auf Intelligenz im Internet, durch Experimente wie unsere „Moment in Time"-Fotocollage;
- Schaffung von Tools und Diensten, die es den Lesern erleichtern, Content zu organisieren, sichtbar zu machen und zu teilen.

Wir haben das „Zen-Business-Paradoxon" verstehen gelernt. Dabei geht es darum, zu erkennen, dass Ihre vermeintlichen Mitbewerber wahrscheinlich gar nicht Ihre tatsächliche Konkurrenz sind. Das bedeutet für die New York Times Company, dass wir nicht nur im Nachrichten- und Informationsgeschäft sind, sondern dass wir auch im Geschäft des „Content-relevant-Machen" mitmischen.

Wir erforschen noch gründlicher, wie wir unsere Nutzer – sei es im Web oder außerhalb – fesseln können, und wir berücksichtigen auch, wie sehr das Engagement von der emotionalen Bindung bestimmt wird, die unsere User zu uns haben.

Das führt uns zu einem wesentlichen Punkt: In der Medienkunst – inklusive Journalismus – geht es grundsätzlich um das Geschichtenerzählen.

Aber was ist „Geschichtenerzählen" in einer interaktiven Welt? Was ist beim Online-Engagement anders? Die emotionale Dimension davon geht über die Technologie hinaus – hier geht es nicht um den Druckprozess oder den Server, oder das iPad oder die entsprechende Kurve. Es geht um die Schaffung einer wesentlichen menschlichen Verbindung. News-Websites haben bis jetzt ihr volles Potenzial nicht erreicht, weil die Regeln zum Mitmachen online so unterschiedlich sind. Warum etwa verbringen die Menschen so viel mehr Zeit mit der Lektüre der Print-Ausgabe der „New York Times" als im Schnitt mit der Website?

Ein wichtiger Teil der Antwort hat etwas zu tun mit der grundsätzlichen Art und Weise, in der wir unsere Tools benützen; Geschichten zu erzählen und menschliche Emotionen auszulösen.

ICH GEBE IHNEN EIN BEISPIEL: Robert Mackey ist der Redakteur und der wichtigste Schreiber für „The Lede", den Breaking-News-Blog der „New York Times". Robert setzt sich regelmäßig auf die attraktivsten Storys im nationalen und internationalen Tagesgeschehen drauf und mischt sie mit Informationen auf, die er im Web sammelt, zusätzlichen Berichten, Augenzeugenschilderungen, Fotos und Video. In einem seiner hervorstechendsten Beiträge für die „Times" berichtete er über die Nacht der Terroranschläge in Mumbai.

Wie andere Reporter musste auch Robert Mackey in den Quellen zwischen

> „Was ist ‚Geschichtenerzählen' in einer interaktiven Welt?"

Chaos und echter Information aussortieren, um jene exquisiten Nachrichtenaspekte herauszufinden, die den Lesern zu einem besseren Verständnis der Geschichte verhalfen. Robert erzählte, dass er während der Anschläge „völlig überschüttet wurde mit Tweets, die Menschen schickten über das, was sie in Nachrichtensendungen erfuhren. Es war zu einem gewissen Grad sinnlos." Doch dann stieß er auf einen Arzt nahe dem Schauplatz, der informative und emotionale Updates auf Twitter sandte, wo Robert mit Lesern kommunizierte.

Während er beim Livebloggen zu seinen Lesern sagte: „Hier ist ein Teil des Gesprächs. Das ist nicht alles und nicht unbedingt das Wichtigste, doch hier sind Teile davon, die Sie interessieren könnten."

Mackey erzog und informierte seine Leser, ja, aber indem er eine emotionale Verbindung anzapfte, erreichte er viel mehr. Diese professionelle, ja emotionale Curation von Information verschafft dem Geschichtenerzählen Power und nimmt Geist und Herz des Lesers gefangen.

Eine der größten Errungenschaften der „Times" in den vergangenen vier Jahren bestand darin, eine Brücke zwischen Technologie und Journalismus zu bauen, wobei ein interaktiver Newsdesk hinzukam, der Hand in Hand mit unseren Technologieexperten, Multimedia und Grafik-Desks zusammenarbeitet. Wir waren das allererste unter den traditionellen Medienunternehmen, das seine Print- und digitalen Anstrengungen integrierte.

Während wir die gesellschaftliche Vernetzung dieser Zusammenarbeit weiter erhöhen, haben wir große Schritte gemacht:
- beim digitalen Geschichtenerzählen; so etwa die spannenden interaktiven Features im Zusammenhang mit den vielfältigen Multipart-Berichten von David Rohde über seine Gefangennahme durch die Taliban und seine höllisch gefährliche Flucht;
- bei der Datenvisualisierung, wie unserer irrsinnig populären benutzerfreundlichen Grafik über das, was unterschiedliche Bevölkerungsgruppen in Amerika den ganzen Tag lang tun;
- in regulären Video-Serien, wie in den vom Theater inspirierten Technologie-Überblicken von David Pogue; und
- in den Videos der „New York Times", die unter dem Titel „Timecast" laufen; und schließlich
- in Widgets (kleinen grafischen Elementen), wie unser zerstreuter Fahrsimulator, der den Pulitzerpreis-verdächtigen Journalismus ins Schaufenster stellt.

All das hilft, eine engere emotionale Bindung zu Lesern aller Altersgruppen herzustellen. Mehr Wissen über unsere Leser hat unsere Fähigkeit, Loyalität aufzubauen, beträchtlich gestärkt.

Zu diesem Bestreben gehört auch, dass wir mehr Wert darauf legen, mit unseren Lesern eine Identität herzustellen, die nach unserer Ansicht einen grundlegenden Baustein für ein Leser-Engagement darstellt.

Das ist etwas, zu dem wir uns in nytimes.com seit den frühen 1990er-Jahren bekennen. Wir hatten die erste Website, der es gelang, die User im Maßstab zu registrieren.

Facebook funktioniert gut, weil es in der Identität verwurzelt ist. Ich bin überzeugt, Sie alle wissen, dass die User-Statistiken für Facebook ganz hervorragend ausfallen, was teils daran liegt, dass sie die reale Identität widerspiegeln, weil jemand im digitalen Reich sein eigenes Ich erproben kann. Dies bietet den Verlegern eine wichtige Chance. Zum ersten Mal können wir unsere Site mit Lesern bevölkern, die von selbst und als sie selbst zu uns kommen, nicht nur als anonyme Namen auf dem Schirm, sondern sie wollen als sie selbst angehört werden.

Wir machen in diesem Bemühen viele Schritte vorwärts, da wir unser Publikum als mit Wissen ausgestattete Teilnehmer am Leben unserer Website sehen, als Kommentatoren, als Empfehlungsmaschinen, als anerkannte Autoritäten und Kritiker. Nur so können wir die wesentliche emotionale Bindung schaffen, die zu einem allgemeinen Engagement in einem interaktiven Ambiente führen wird.

Wir müssen einen besseren Job machen, indem wir auf unseren digitalen Weihwasserbecken sitzen, mit unseren Lesern in Verbindung treten, Angebote kreieren, die absolut ungewöhnlich sind. Kein Aufwand an Modellbildung, Analyse oder Recherche darf zu groß sein.

Eine emotionale und soziale Bindung zu schaffen, ist nicht bloß ein Nebenaspekt unseres Geschäftsmodells; es ist ein Herzstück. Gemeinsame Geisteshaltung muss sich in diese Richtung verschieben, wenn wir in den kommenden Jahren erfolgreich sein wollen.

Wir haben in dieser Richtung in der New York Times Company einen großen Aufschwung erlebt:

Affinität mit der „New York Times" signalisieren sollen im sozialen Online-Netzwerk des einzelnen. Wir sind drauf und dran, eine bedeutsame neue Wende in der „New York Times" einzuleiten.

Im wörtlichen und im übertragenen Sinn ist diese Wende nicht gratis. Wir sind fest davon überzeugt, dass seriöse Medienunternehmen, die sich zur Qualität bekennen, ein zusätzliches Einkommen von den Millionen Konsumenten lukrieren müssen, die ihre News und ihre Information brauchen. Nur so können sie das globale Nachrichtengeschehen umfassend covern und über eine stetig anwachsende Palette von Geschichten berichten.

Um dabei erfolgreich zu sein, müssen wir unser grundlegendes Verhältnis zu

> „Eine emotionale und soziale Bindung zu schaffen, ist nicht bloß ein Nebenaspekt unseres Geschäftsmodells; es ist ein Herzstück."

- Wir haben eine engere Integration mit dem Facebook entwickelt und bieten unseren Lesern jetzt die Option, ihre Nachrichten-Feeds zu filtern, je nachdem, was ihre Freunde lesen.
- Wir sind auf Twitter in direkterer Weise interaktiv und haben in vielen unterschiedlichen aktuellen Bereichen Dutzende Twitter-Listen entwickelt, sodass unsere User die besten Feeds der „New York Times" finden können.
- Wir haben einen sehr erfahrenen Journalisten mit der Rolle des „sozialen Redakteurs" betraut, um unserem Newsroom dabei zu helfen, im Social Web auf einer minutenaktuellen Basis zu surfen.
- Und wir beginnen damit, ganz neue Erfahrungen zu entwickeln, einschließlich der Verwendung von Fotos unserer User und anderen, auf Identität basierenden Stichworten, die alle

den Usern neu definieren – und den Kontakt, den wir zu ihnen halten, umwandeln in einen Kontakt der wirklichen emotionalen Verlässlichkeit und Verbindung.

Auf diese Weise können wir uns eine stärkere Loyalität zur Marke sichern angesichts der sich neu entwickelnden Herausforderungen im Wettbewerb. Der Bedarf nach Weltklasse-Information ist weiterhin groß, und in diesen turbulenten Zeiten ist der Bedarf vielleicht sogar größer als je zuvor in der Geschichte. Ich möchte uns alle ermutigen, diesen Bedarf zu decken, indem wir Qualitätsjournalismus in einer spannenderen und mitreißenderen Art liefern.

Nochmals, dafür bedarf es des Mutes, zu testen, zu lernen, umzusetzen, innovativ zu sein und ständig zu fragen, was unsere Leser und Werber wollen und brauchen. Und wir müssen auch bereit sein, das Feedback zu hören. Wir müssen den zwiespältigen, kurzlebigen Charakter dessen, was wir machen, akzeptieren, und verstehen, dass die meisten Geschäftsmodelle, egal wie gut sie ausgedacht sind, wiederum von relativ kurzer Dauer sein werden.

WENN WIR DIESE NEUE GEISTIGE Ausrichtung akzeptieren können, wenn wir akzeptieren, dass ständiger Wandel ein Teil unseres Lebens ist, und wenn wir uns mit Selbstbewusstsein und raschen Schrittes vorwärtsbewegen, dann werden wir nicht nur unsere finanziellen Ziele erreichen, sondern auch verstehen, dass die gegenwärtigen Herausforderungen spannende und weitreichende Chancen für uns alle geschaffen haben.

Niemand kann die Zukunft genau voraussagen, aber wir können Trends untersuchen, uns neue Plattformen zu eigen machen, neue Möglichkeiten ergreifen und, ja, uns selbst neu erfinden. Ich erwarte mit Sicherheit, dass die Zukunft neue erstaunliche Plattformen zur Content-Auslieferung bringen wird, welche die heutige Technologie blass erscheinen lassen werden.

Aber unabhängig davon, was die Zukunft bereithält, werden die Menschen immer das Bedürfnis haben, gut informiert zu sein. Die Menschen wollen immer, dass ihnen eine Geschichte erzählt wird. Und die Kunden werden es jenen, die die Geschichten gut erzählen, honorieren.

Das Hamsterrad

Warum es nichts bringt, so schnell zu laufen, wie wir können.

Dean Starkman schreibt unter anderem für die „Columbia Journalism Review", in der auch folgender Artikel erschienen ist.

Wir leben im Nachrichtengeschäft in einer Zeit der Herausforderung. Wir bekommen das zu spüren, sogar hier in der Gemeinschaft der „CJR" („Columbia Journalism Review").

Ich will hier nicht gegen Experimentieren auftreten, es mit den Huffingtons, dem Mike-Allen-ismus oder sonst jemandem aufnehmen. Ich bin nicht gegen Geschwindigkeit. Geschwindigkeit ist gut. Aus diesem Grund gibt es ja das Nachrichtengeschäft. Aus eben diesem Grund lief der Mann die 42 Kilometer in der Schlacht von Marathon. Aus diesem Grund beginnt Journalismus mit ‚jour' (Tag), wenngleich wir heute wahrscheinlich eher von ‚Heure'-nalismus *(Stunde, Anmerkung)* sprechen sollten. Seid also beruhigt, euer Schreiber ist für den Scoop, für hartes Arbeiten, Updates, für den Wettlauf um Fetzen von Nachrichten wie eine Horde wilder Tiere, für das Video, etc. Tipp, tipp, keuch, keuch – puh! Es tut mir leid, einen Augenblick lang glaubte ich, auf Dealbook zu sein. Ich bin auch für Quantität, wenn es um Nachrichten geht. Mehr ist mehr, sage ich mir. Obwohl von unseren Lesern anzunehmen ist, dass sie alle schwer beschäftigt sind, also ergibt es – überhaupt – keinen Sinn, für diese gequälten Menschen den Umfang von Nebensächlichkeiten auch noch auszuweiten. Sie denken, wir würden unseren Umfang reduzieren und damit sicher sein, dass jede Einzelheit, die wir unseren Lesern anbieten, wirklich gut sei. Doch ich habe, wie ich schon sagte, in der Theorie kein Problem mit der Menge.

Demnach sollte ich als jemand registriert werden, der für die Produktivität eintritt. Ich bin dafür, dass aus jedem faulen Reporter, der sich glücklich schätzt, einen Job zu haben, das letzte Quäntchen herausgepresst wird. Ich bin auch ein Redakteur, wie Sie wissen. Reporter und ihr „Aber wir brauchen Zeit, um uns das Zeug anzuschauen" – na, na. Wissen sie denn nicht, dass wir tief in der Sauce stecken? „Auf der ganzen Welt stecken wir in einem harten Wettbewerb des Keine-Gefangenen-Nehmens, Keinen-Terminal-unangezapft-Lassens." Das ist eine virulente Krise.

Aber denken wir eine Sekunde darüber nach. Stopp. Denken. Wir machen mit weniger mehr, die Zahlen lügen nicht. Weniger Reporter und Redakteure. Mehr kopieren. Wie lautet die Bottomline? „Die Bottomline ist grundsätzlich folgende", heißt es im PEJ-Bericht 2008: In den heutigen Zeitungen gibt es eine Tendenz, dass Geschichten schneller und unter größerem Druck, von einem kleineren und weniger erfahrenen Team von Reportern zusammengestellt werden; dann werden sie schneller weitergegeben und gehen durch weniger und unerfahrenere Redakteurshände auf ihrem Weg zur Veröffentlichung.

die Ansicht, „die generelle Qualität ihres Nachrichtenprodukts ist jetzt besser als zuvor".

Rupert Murdoch, den Sarah Ellison in ihrem neuen Buch „Krieg im ‚Wall Street Journal'" zitiert, brachte es auf den Punkt, als er seine Version meiner alten Zeitung mit früheren Verkörperungen verglich: „Wir produzierten eine bessere Zeitung. Es tut mir leid, aber so einfach ist es." Nun, das Qualitätsargument wird keiner gewinnen. Man kann die Qualität des Journalismus nicht wirklich messen. Das ist sein Schwachpunkt und möglicherweise zugleich seine rettende Gnade. Man kann auf die Auflage oder auf die Preise verweisen, doch der Journalismus ist und bleibt mehr eine Kunst als eine Wissenschaft. Daher wird die Quantität immer einen Vorteil gegenüber der

„Weniger Reporter und Redakteure. Mehr kopieren."

Die Logik sagt uns, dass etwas auf der Strecke bleibt. Aber was? Hmm. Nun, die Qualität können wir ausschließen. Sie sehen, die Qualität der Berichterstattung und des Schreibens in den bedeutenden Nachrichtenorganisationen ist besser denn je – fragen Sie nur erfahrene Newsmanager, wie es PEJ 2008 machte: Trotz der Kürzungen bei Personal und Platz gab eine klare Mehrheit von 5 Prozent der Redakteure gegenüber 32 Prozent an, dass sich die Gesamtheit ihrer Berichterstattung signifikant oder zumindest einigermaßen verbessert habe … in den letzten drei Jahren.

Eine überwältigende Mehrheit von 94 Prozent der Redakteure sagte, dass ihre Meldungen genauso exakt oder sogar exakter seien als vor drei Jahren. Und eine stattliche Anzahl von 56 Prozent vertrat

Qualität haben. Doch qualitative Vergleiche, insbesondere zwischen Epochen, sind im Grunde nur ein Argument. Hätten Michael Jordans Champion Bulls in den 1990er-Jahren Larry Birds Celtics in ihrer Blütezeit schlagen können? (Ein schlechtes Beispiel: klar hätten sie es können.) Lebhafte Nachrichtenseiten wirken auf viele Leser verwirrend, mit der Unmöglichkeit, etwas auszuwählen. Es wird die ganze Zeit versucht, alles zu veröffentlichen. Nun, dieses Nicht-Auswählen ist an sich auch schon eine Auswahl. Darauf komme ich noch zurück.

SEHEN WIR ES SO: angesichts begrenzter Ressourcen würden nicht alle Leser auf die Idee kommen, sieben (!) Mitarbeiter für die Eröffnung der Olympischen Spiele als Live-Blogger einzusetzen, wie es das „Wall Street Journal" im Februar machte: Die Vorzeremonie beginnt, mit

Anweisungen für das Publikum. Wie in Kanada üblich, erfolgen alle Erklärungen auf Englisch und Französisch. Aber noch einmal, das ist nur meine Meinung. Vielleicht gab es in jener Nacht sonst nichts zu entdecken – auf der ganzen Welt.

Ohne darauf einzugehen, ob die Zeitungen schlechter oder besser sind, als sie früher waren – gehen wir davon aus, dass sie großartig sind; daher mögen sie alle so gern –, wir sollten eine Sekunde innehalten und an die Implikationen der Mach-mehr-mit-weniger-Haltung denken, die das Nachrichtengeschäft überschwemmt. Ich nenne es das Hamsterrad.

Das Hamsterrad bedeutet nicht Geschwindigkeit; es ist Bewegung um der Bewegung willen. Das Hamsterrad ist Umfang ohne Nachdenken. Es bedeutet Nachrichtenpanik, Mangel an Disziplin, Unfähigkeit zum Nein-Sagen. Es bedeutet Kopie, die produziert wird mit dem Ziel, eine beliebige Produktivitätsmetrik zu erreichen (Bloomberg!). Es geht um das Live-Bloggen bei Eröffnungszeremonien, Geschichten aufzutischen, die inhaltsleer sind, und um 55 Sekunden Video über die Installierung einer Kinoleinwand: „Das Kino von Wallingford hat drei neue Leinwände (Video)" (New Haven Register, 6/1/10).

Aber es geht um mehr als bloß einen sinnlosen Meldungsumfang. Es geht um eine Neueichung der Nachrichtenberechnung. Von den Faktoren, die die Nachrichtengebung betreffen, wird einer unterschätzt, nämlich die Risiko-Belohnung-Rechnung, die alle professionellen Reporter anstellen, wenn sie mit einer Idee für eine Story konfrontiert sind: Wie viel Zeit versus wie viel Wirkung? Dieses informelle Prüfsystem ist überraschend brutal und ein für alle Mal höchst effizient.

JE MEHR ZEIT INVESTIERT WIRD, umso größer das Risiko, aber auch der potenzielle Ruhm für den Reporter und der mögliche Wert für die Öffentlichkeit (diese sollte man nicht vergessen!). Fliegen Sie nach Chicago, um mit diesem Kerl über diese Sache zu sprechen? Lesen Sie den Prüfungsbericht über diesen Bankrott? Oder machen Sie drei Dinge, die leichter sind?

Journalisten werden Ihnen erzählen, dass dort, wo einst tiefgründiger recherchierte Geschichten mit Nachrichtenanreizen belohnt wurden, solche Anreize nun auf Tätigkeiten ausgerichtet sind, die schnell abgewickelt werden können und eine Beule im Web-Verkehr verursachen. „Man ist auf diese Weise ständig auf der Suche nach der nächsten Story", sagt Zachary Roth, ein ehemaliger Reporter von „Talking Points Memo" (zuvor gehörte er der „CJR"-Belegschaft an). „Die Postings, die du letzten Endes zusammenstellst und schreibst, sind nicht gerade investigativ."

Nichts davon wurde irgendwo niedergeschrieben, aber es entspricht der Realität. Das Hamsterrad bedeutet Recherchen, die man niemals sieht, gute Arbeit, die nicht getan wird, öffentlicher Dienst, der nicht geleistet wird. Es ist der Imperativ, jede Story aufzumischen, von der es nett gewesen wäre, wenn man sie gehabt hätte, gewissermaßen, vielleicht, bei Verfügbarkeit der Mittel, eine Story, die jedoch in Anbetracht des sehr angespannten Nachrichtenbudgets unberichtet in die Geschichte eingehen darf – oder über die von Ihnen nicht berichtet wird, obwohl Tausende andere darüber berichten. Wie viele Leser fragen sich wirklich: „Ich möchte wissen, wieso meine Website diese Lugar-fordert-Hausverstand-bei-Verfahren-gegen-neue-Farmen-Story nicht hatte?" (AP, 8/9/10). Sie fragen: „Warum nicht?" Ich sage: „Weil sie nicht gratis ist." Die heute am wenigsten verwendeten Worte im News-Business lauten:

Verzichten wir darauf.

Tatsächlich, das Hamsterrad ist die Nicht-Aktivität der Mainstream-Medien in Realzeit. Bevor das Rad gänzlich aus der Achse springt, dass die Hamster und die Holzspäne nur so fliegen, sollten wir über das Rad nachdenken, seine Hintergründe erforschen und einige Wahrheiten zur Kenntnis nehmen, die sich aus einer peniblen, über einen geradezu obszönen Zeitraum durchgeführten Analyse ergeben.

1. DAS HAMSTERRAD IST REAL

„Wir liefern dreimal so viele Dinge, die vollkommen unwichtig sind", schäumt ein Reporter des „Wall Street Journal". Klar, dass dieser Jammerer übertreibt – doch nicht allzu sehr. Nach einer „CJR"-Kalkulation auf der Basis von Factiva Database, die der Schwestergesellschaft News Corporation gehört, produzierte die Belegschaft des „Journal" vor etwa zehn Jahren Storys in einem Umfang von etwa 22.000 pro Jahr, während sie sich auch um groß angelegte Aktionärs-Aktivitäten kümmerte, und sich etwa die Tabakindustrie gefügig machte. In den ersten sechs Monaten dieses Jahres produzierte das Team des „Journal" dakteure ab einem gewissen Level werden nicht mitgezählt), stellt fest, dass die Zahl der berücksichtigen Mitarbeiter des „Journal" um 13 Prozent zurückgegangen sei, das heißt von 323 im Jahr 2000 auf 281 in 2008. (Eine Sprecherin des „Wall Street Journal" verweigerte eine Auskunft über eine Zählung der Köpfe; im Zuge einer Reorganisation verwischte die News Corp. im vergangenen Jahr die Unterscheidung zwischen der „WSJ"-Belegschaft und den Nachrichtenreportern des Unternehmens.) Die Produktion von Geschichten stieg im gleichen Zeitraum um 46 Prozent an.

Die sinkende Zahl von gewerkschaftlich organisierten Reportern in diesem Zeitraum kann auf das Nachrichtenwesen in einem größeren Umfeld extrapoliert werden. Ausgehend von der wachsenden An-

„Wir liefern dreimal so viele Dinge, die vollkommen unwichtig sind."

fast genauso viele Geschichten – 21.000. Die Hamsterkletterei begann im Jahr 2000, wobei der Output auf 26.000 kletterte. Seitdem ist die Anzahl der Storys mehr oder weniger stetig angestiegen, auf einen Spitzenwert von 38.000 2008, nahm im Jahr 2009 wieder etwas ab, um 2010 ein rekordverdächtiges Ausmaß zu erreichen. Übrigens sind in dieser Zählung ausschließliches Web-Material, Blogs, News-Hub etc., die ebenfalls von der Belegschaft produziert werden, nicht mit eingeschlossen; die in der Tabelle verwendeten Zahlen sind also konservativ.

Unterdessen ist die Zahl jener Journalisten, welche diese Storys produzieren, gesunken. Die International Association of Publishers' Employees (IAPE), die einen wesentlichen Teil des Nachrichtenwesens repräsentiert (zwar wahrscheinlich weniger als die Hälfte; Mitarbeiter außerhalb der USA und Kanadas und Re- zahl an Geschichten schnellte der Output um 69 Prozent pro IAPE-Mitglied hoch (obwohl auch andere, vor allem Nachrichtenreporter von Dow Jones, zur Gesamtzahl der Geschichten des „Journal" beigetragen haben). Das reicht, um den Manager einer Hühnerproduktionsfarm mit Stolz zu erfüllen. Allerdings kommt es im Nachrichtengeschäft, wie auch in der Hühnerproduktion, zu verminderten Einnahmen, und an diesen Punkt gelangten wir etwa 2002. Das gehört zu den Grundlagen der Physik: mehr Geschichten, aufgeteilt unter eine reduzierte Mannschaft, das ergibt magerere Hühner. Bei allem Respekt, Herr Murdoch, Sie irren sich – aber damit sind Sie nicht allein. Das heißt nicht, dass das Hamsterrad universell ist, auch nicht innerhalb der Unternehmen. Das „Journal" ließ seine Reporter tief in seine jüngste Internet-Privacy-Serie hinuntersteigen, und es wurde mit einer Pu-

Das Hamster-Derby

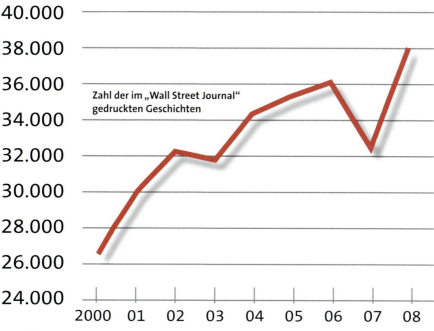

Zahl der im „Wall Street Journal" gedruckten Geschichten

Quelle: Factiva

litzer-Preis-verdächtigen Arbeit belohnt. Klar, einige Reporter finden sogar noch die Zeit, einen Telefonanruf zu machen, bevor sie twittern. Und das führt uns zur Regel Nummer 2.

2. DAS RAD IST NICHT UNVERMEIDLICH

Das Internet, das wissen wir, ist die größte Erfindung seit dem Twinkie *(Kuchen, Anmerkung)*. Es ermöglicht uns, jederzeit, etwas zu veröffentlichen. Das heißt allerdings nicht, dass wir das müssen. In Anbetracht des Faktums, dass das Nachrichtengeschäft seit dem Jahr 2000 schätzungsweise 15.000 Journalisten verloren hat, bedeutet das aber nicht, dass wir von „Wir sind in unserem Wirtschaftssektor mit einer schwierigen Transformation konfrontiert" zu „Schreiben wir so viel wie möglich, so schnell wir können" übergehen sollen. Es ist gar nicht so schwierig, den Impuls zu verstehen, mehr zu tun, indem man weniger tut.

Hamsterismus ist eine natürliche Reaktion auf eine neue Konstellation der Rahmenbedingungen – ein zerfallendes Modell, ein neues Paradigma, eine Kakofonie neuer Stimmen, weniger Menschen, die ein Fass ohne Boden füllen. Und durch den Dunst können wir einen Blick auf das Onlinemodell erhaschen, das den Webverkehr mit Werbedollars gleichsetzt, obwohl die Verbindung keineswegs klar ist, wie wir sehen werden.

Aber die Zeitungen sind keine Nachrichtendienste, und Meldungen sind keine Blogs. Die Nachrichtenunternehmen müssen sich mit der Zeit verändern, aber in „Newsonomics" (oder welches zusammengewürfelte, autoritär klingende Buch auch immer heutzutage von den Newsmanagern verschlungen wird wie ein alttestamentarisches Gesetz) steht nirgends geschrieben, dass Nachrichtenunternehmen von den Grundwerten abgehen sollten, angefangen beim „gründlichsten Wert" – Recherche und Berichterstattung im öffentlichen Interesse. Dabei geht es nicht bloß um „einen Teil der Mischung". Hier geht es um eine Gesinnung, eine Doktrin, einen organisatorischen Wert, auf dem gesunde Nachrichtenkulturen aufbauen, den Punkt, auf den es ankommt.

In einem Bericht des Jahres 2010 zitiert PEJ Redakteure des „Journal Sentinel" in Milwaukee und des „Boston Globe", die das Problem erkennen und das Hamsterrad-ähnliche Denken ablehnen. PEJ zitiert den Redakteur Martin Baron vom „Globe", der einräumt, dass im Blatt vielleicht weniger Inhalt steht, „aber es ist unbestritten einzigartig und unterhaltseit damals dahinwelkte, hat sich die PR wie ein Ausschlag verbreitet. Die Autoren dokumentieren, dass 1980 das Verhältnis zwischen PR-Leuten und Nachrichtenreportern vertretbar war, bei einer Bevölkerung von 100.000 kamen 0,45 PR-Spezialisten und -Manager auf 0,36 Journalisten. Heute liegt die PR weit über dem Journalismus, mit 0,90 PR-Leuten gegenüber nur 0,25 Journalisten bei 100.000 Menschen.

In einem Beitrag von Ken Aulettas für den „New Yorker" brachten Beamte des Weißen Hauses ihre Bestürzung darüber zum Ausdruck, wie wenig Zeit Reporter haben, um mit ihnen zu reden. „Alles spielt sich hektisch ab", schreibt Auletta, und er zitiert die Kommunikationschefin des Weißen Hauses, Anita Dunn. „Wenn Journalisten dich anrufen, um über ein

„Akzeptieren wir das Hamsterrad als das, was es ist: eine Wahl."

sam". Akzeptieren wir das Rad also als das, was es ist: eine Wahl.

3. DAS RAD ENTWERTET DIE REPORTER, STÄRKT DIE PR

Das ist nur logisch. Wenn Reporter keine Zeit mehr haben, Informationen zu sammeln, zu analysieren und darüber zu reflektieren, dann haben sie eine geringere Hebelwirkung, um die Institutionen damit zu konfrontieren.

Und täuschen wir uns nicht. Wir leben in einer Zeit des zunehmenden Aufstiegs der PR. In ihrem jüngsten Buch „The Death and Life of American Journalism" schätzen Robert W. McChesney und John Nichols, dass sogar in den 1970er-Jahren, als die Zeitungen eine Blüte erlebten, der Anteil der Nachrichten, die von Presseaussendungen generiert wurden, etwa 40 bis 50 Prozent betrug, eine wohl faire Schätzung. Während der Journalismus

Thema zu diskutieren, dann tun sie das nicht um der Diskussion willen. Sie sind an einer Antwort interessiert. Und die Notwendigkeit, fünf Mal täglich zu senden, fördert diesen Trend." Sie fördert auch die Anlehnung an die PR.

Im Ton der PR-Profis klingt ein Gefühl der Stärke durch. Als Mark Pittman, der inzwischen verstorbene große Enthüllungsjournalist von Bloomberg, Informationen darüber einholte, wohin denn die Haftungsgelder der American International Group (AIG) flossen, erhielt er folgende Antwort: „Die FED (US-Zentralbank) ist hierbei federführend. Es ist ihr Darlehen." Klarer könnte ich es gar nicht ausdrücken. Warum belästigen Sie uns mit ein paar Dutzend Milliarden unerwarteten, geheimen Haftungs-Dollars der US-Regierung? „Sie sollten die AIG anrufen", sagte FED-Sprecher Calvin Mitchell. „Ich bezweifle, dass er mit Ihnen über das

Wertpapier-Portfolio der AIG reden will." Gib's auf, armer Kerl!

Es war so, dass Pittman und Gretchen Morgenson von der „New York Times" einige Tage zuvor die Empfänger dieser Haftungsgelder enthüllt hatten: Goldman Sachs und andere Investment-Banken der Wall Street. Aber Pittman und Morgenson hängen eben nicht auf dem Hamsterrad. Sie sind Argumente, die gegen das Rad sprechen. Dies führt zur Hamsterregel Nummer 4, oder was ich gerne als „Das Paradoxe am Rad" bezeichne.

4. DAS RAD BESTIMMT NIE DIE NEUE NACHRICHTENAGENDA, ES REAGIERT NUR AUF DIE AGENDEN ANDERER

Das Paradoxon des Rades ist, bei aller Aktivität, welche es lostritt, dass es andere Nachrichtenunternehmen völlig passiv macht. Je größer das Bedürfnis nach Kopien ist, desto abhängiger sind Reporter von Quellen für Scoops und jämmerliche Nachrichten. In einer Studie für das britische Fachmagazin „Journal" analysierten Forscher im Jahr 2000 Nachrichten-Berichte über eine feindliche Übernahme, die eine massive Umstrukturierung des Hotel- und Freizeitsektors mit sich brächte, um aufzuzeigen, dass fast alles, was über das Thema geschrieben wurde, aus den konkurrierenden PR-Kampagnen stammte, die auf wenige institutionelle Aktionäre abzielten, während die Interessen der Kleinaktionäre, der 80.000 Mitarbeiter, der Millionen Kunden und der britischen Steuerzahler (beträchtliche Steuersubventionen waren im Spiel) ignoriert wurden. Die Presse war effektiv auf einem Hamsterrad von PR-Kampagnen „gefangen".

Der Autor, Aeron Davis, machte die vernünftige Bemerkung, dass die PR-Dominanz „darauf hinarbeitete, dass eine nicht wünschenswerte Mainstream-Berichterstattung abgeblockt wird, dass Stimmen von außerhalb der Unternehmen nicht angehört werden, und mithalf, die Grenzen der ‚Elite-Netzwerke' der Unternehmen zu definieren".

In anderen Worten, wenn die Nachrichtenorganisationen nicht die Agenda bestimmen, dann tun es andere.

5. DAS HAMSTERRAD IST NICHT FREI

Die Kosten drücken sich aus in gepflegter Prosa, in bewiesenen Versprechen, in Nachrichten, die nicht aus einer Institution stammen, und anderen Nichtigkeiten, die im Lauf der Zeit Glaubwürdigkeit aufbauen. Hier geht es um die Zuteilung von Mitteln.

2003, quasi noch im Pleistozän, konnte Daniel Golden vom „Wall Street Journal" jemanden davon überzeugen, ihn ein Dokument mit heikler wissenschaftlicher Information von der Groton School, dem stilvollen Internat in Massachusetts, aus dem Jahr 1998 durchschauen zu lassen. Es stellte sich heraus, dass eine gewisse Margaret Bass, die es in jenem Jahr als einzige von neun Bewerbern auf die Stanford University schaffte, eine Punktezahl von 1.220 erreicht hatte – das lag beträchtlich unter der Punktezahl, die sieben der acht anderen Studenten aufwiesen, die sich allerdings vergeblich in Stanford bewarben. Golden erklärte dies so: Frau Bass hatte eine Trumpfkarte. Ihr Vater, der texanische Tycoon Robert Bass, war Vorsitzender im Board der Stanford University und hatte der Universität 1992 25 Millionen Dollar zukommen lassen. Mr. Bass hatte selbst auf der Stanford Graduate School of Business ein Diplom erworben. Er und seine Frau Anne saßen beide in der Groton-Stiftung.

Der Direktor der Groton School sagte zu Golden, dass es sich bei dem Dokument nicht um „offizielle Schulaufzeichnungen" handle. Wie konnte Golden also wissen, dass das stimmte? Er rief 20 andere Studenten an, deren Information in dem Dokument enthalten war. Die Story gehörte zu einer Serie, die den Pulitzer-Preis gewann, aber was noch wichtiger ist – sie bedeutete einen Wandel hinsichtlich der Auffassung von affirmativen Handlungen. So etwas macht das Rad nicht. Es hat nichts zu bedeuten, dass Goldens Pulitzer-Preis nicht für Recherche vergeben wurde, sondern für Beat Reporting, also genaue Kenntnis einer Materie.

6. DAS RAD ZAHLT DIE RECHNUNG – TUT ES DAS WIRKLICH?

Sicher, Sie müssen klicken. Sie sollten updaten. Und natürlich müssen Sie in den Nachrichten sein. Aber es ist ein Understatement zu sagen, dass die neuen Finanzierungsmodelle des Digitaljournalismus noch immer ausgearbeitet werden müssen und dass niemand weiß, welche überleben werden. Stellen Sie sich vor, selbst die Wissenschaft des Berechnens des Webverkehrs steckt noch immer in den Kinderschuhen. Im Mai wurde der Yahoo-Verkehr von zwei konkurrierenden Firmen, Nielsen Netratings und Comscore, gemessen, und die beiden unterschieden sich um 34 Millionen Leser, wie eine neue Untersuchung von Ph.D.-Studenten an der Journalismusschule von Columbia erläutert. Um von

In der Juli/August-Ausgabe des „CJR" legt unser Wissenschaftsredakteur, Curtis Brainard, überzeugend dar, dass mobile Geräte mit ihren Apps und anderen bezahlten Abonnentensystemen für Journalisten die besten Möglichkeiten erhoffen lassen, im digitalen Zeitalter Geld zu machen. Brainard sagt, diese Strategien, die auf mobilen Geräten basieren, sind auf eine neue Nachrichtenerfahrung und ein tief greifendes Leserengagement fokussiert und sie werden eine ganz neue Metrik schaffen. Der Punkt ist – es kann tatsächlich so sein, dass man mit 63-Wort-Sagern Geld machen kann, etwa „Mikrowelle versprüht Feuer, tötet Hund" (washingtonpost.com, 8/9/10), aber das muss erst bewiesen werden. Bisher konnte das niemand.

> „Im Mai wurde der Yahoo-Verkehr von zwei konkurrierenden Firmen, Nielsen Netratings und Comscore, gemessen, und die beiden unterschieden sich um 34 Millionen Leser."

Klicks zu Dollars zu kommen, dazu bedarf es anderer Kalkulationen.

„Jeder will Verkehr", wie Lucas Graves, einer der Autoren der Studie, mir gegenüber meinte. „Aber die Methoden, wie sich das in Dollars umsetzen lässt, sind sehr komplex und selten direkt." Die große Hoffnung für die Zukunft des Web, „The Huffington Post", generiert nur ein Einkommen von 1 Dollar pro Leser jährlich, wie es kürzlich in einem Beitrag in „Newsweek" hieß. Darüber braucht man nicht die Nase zu rümpfen, aber die Herausgeberformel für die Site – mit einer Suchmaschinen-Optimierung – ist gelinde gesagt umstritten, und die Einkünfte sind noch immer relativ bescheiden. Schließlich kann es sein, dass selbst ernannte „Newsroom-Realisten", jene, die glauben, das Leben sei ein einziger langer Kampf um Seiten, schon zum letzten Gefecht angetreten sind.

Euch Redakteuren, die Ihr die besten Geschichtenerzähler entlasst, Schnellschüsse belohnt, Eure investigativen Assets dahinsiechen lasst, ich sage Euch: Ihr werdet es bereuen. Für den Rest von uns heißt die logische Schlussfolgerung des Hamsterrades Demand Media, das ist die weltweit führende Hamster-betriebene Content-Farm, die 7.000 Freelancer beschäftigt, täglich 4.500 Items produziert, die Algorithmen einsetzt, um herauszufinden, worüber geschrieben werden soll; es hat die „New York Times" verkehrsmäßig überrundet und ist gerade in den Aktienmarkt eingestiegen. Es veröffentlicht irgendetwas – „Wie wähle ich Sklaverei-Videos aus" – das ist wirklich unglaublich.

Demand Media hält sich an die sechs Grundsätze eines Manifests, das mit dem angemessenen Diktum endet: „Gib nie Ruhe."

FETTE BEUTE FÜR SPITZE FEDERN.

Wenn Sie sich ein Bild von einer Sache machen, lohnt es sich, auf die Details zu achten. Das Thema von allen Seiten auszuleuchten. Nicht eher Ruhe zu geben, bis Sie jede Sichtweise kennen. Denn ob Print, Rundfunk oder Fernsehen – hervorragende Berichterstattung zum Thema „Wildtier und Umwelt" wird wieder ausgezeichnet. Gefragt sind Artikel, Features und Filme, die sich in fairer, sachlich korrekter, aber durchaus kritischer Weise mit einem Thema rund um Jagd und Naturschutz auseinandersetzen. Die beste Arbeit in Print, Hörfunk und Fernsehen wird mit je Euro 5.000,– prämiert. Teilnahmeunterlagen und Informationen finden Sie unter www.newsroom.de/djv. Wir freuen uns auf Ihren Beitrag!

Deutscher Jagdschutz-Verband e.V. (DJV)
Staatlich anerkannter Naturschutz-Verband, Johannes-Henry-Str. 26, 53113 Bonn, Telefon: 02 28 / 9 49 06 20,
Fax: 02 28 / 9 49 06 25, E-Mail: pressestelle@jagdschutzverband.de

GoHelp | GoTeach | GoGreen

»ES IST EINE TOLLE ERFAHRUNG, MIT MEINEN FÄHIGKEITEN MENSCHEN HELFEN ZU KÖNNEN.«

Pedro Calvo, Flight Engineer DHL Aviation und freiwilliger Helfer des DHL Disaster Response Teams

Naturkatastrophen stellen eine zunehmende Bedrohung dar. Die schnelle und gezielte Verteilung von Hilfsgütern rettet Menschenleben. Als global führendes Logistikunternehmen nutzen wir unsere Kompetenz, um Menschen in Katastrophengebieten zu helfen. Am 27. Februar 2010 erschütterte eines der stärksten Erdbeben der letzten 100 Jahre die chilenische Stadt Concepción. Zusammen mit sieben weiteren Freiwilligen des DHL Disaster Response Teams unterstützte Pedro Calvo den chilenischen Katastrophenschutz ONEMI an den Flughäfen von Santiago und Concepción. In 8 Tagen organisierten wir das Packen von 10.300 Hilfssäcken mit 206 Tonnen Hilfsgütern. Mit seinem Einsatz konnte das Team dazu beitragen, dass Wasser und Nahrung die betroffenen Menschen schnell erreicht haben.

GoHelp. Hilfe, die ankommt – Unterstützung bei Naturkatastrophen.

www.dp-dhl.de/verantwortung

Deutsche Post DHL

Deutsche Post DHL – The Mail & Logistics Group

AUSGEZEICHNET

AUSGEZEICHNET

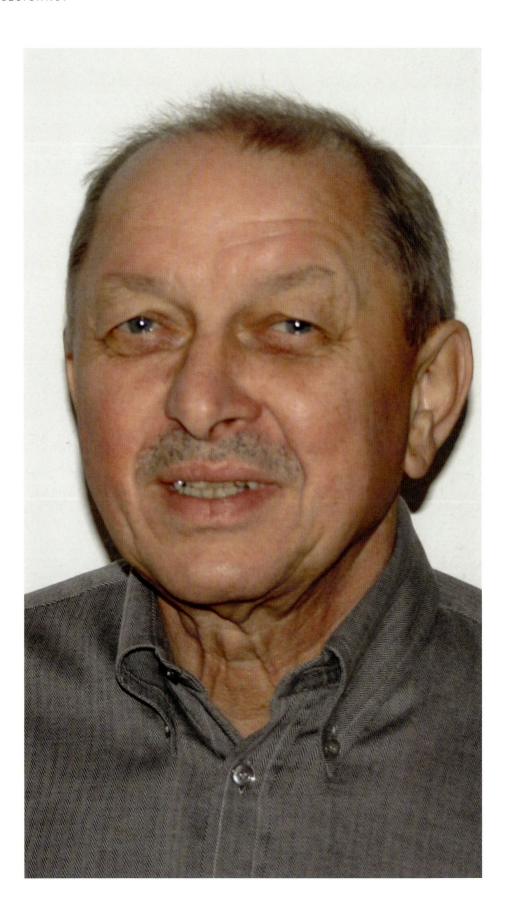

Warum die einen gut sind und die anderen nicht

30 Mal hat die Konrad-Adenauer-Stiftung den Deutschen Lokaljournalistenpreis vergeben. Dieter Golombek zieht Bilanz und konstatiert, dass die Niveauunterschiede zwischen den Zeitungen noch dramatischer sind als vor 30 Jahren.

Dieter Golombek hat sich ein Berufsleben lang mit Lokaljournalismus befasst. Von ihm stammt auch das Konzept für den Deutschen Lokaljournalistenpreis, er ist Sprecher der Jury.

Die Frage, ob Zeitungen besser oder schlechter werden, verfolgt mich, seit ich vor mehr als 40 Jahren begonnen habe, mich mit Lokaljournalismus und Zeitungen zu befassen. Die Frage stellt sich verschärft, seitdem die Krise den Zeitungsmarkt erreicht hat. Ich will es mir nicht zu leicht machen und sagen, dass für eine seriöse Beantwortung dieser Frage die rund 10.000 Einsendungen nicht ausreichen, die die Jury in 30 Jahren Preisgeschichte erreicht haben. Schließlich bewerben sich die Einsender um einen der renommiertesten deutschen Journalistenpreise. Also müssen und wollen sie Herausragendes präsentieren. Die Einsendungen spiegeln nicht die lokaljournalistische Normalität wider, sie haben nicht das Typische zum Inhalt, sondern das Außergewöhnliche – zumindest aus Sicht der Einsender. Es verbietet sich, auf einer solchen Materialbasis verbindliche Aussagen über den Allgemeinzustand des deutschen Lokaljournalismus machen zu wollen, seinen Aufstieg oder Niedergang zu beschreiben. Auch Vergleiche zwischen den 143 Einsendungen für den ersten Preisjahrgang 1980 und den 560 im zurückliegenden Wettbewerb sind problematisch, Erkenntnisse sind trotzdem möglich.

An einer groben Klassifizierung hat sich in den fast drei Jahrzehnten Preisgeschichte wenig geändert. Da gibt es die Tollkühnen, die, ausgestattet mit großem Selbstbewusstsein, Beiträge einsenden, die – streng genommen – nicht hätten gedruckt werden dürfen. Da sind die Einsender, die Durchschnittsware einreichen, auch hier lässt sich mangelnde

Selbstdistanz nicht verkennen. Und da sind schließlich die guten bis sehr guten Einsendungen, die den größten Respekt abnötigen. Die besten 30 machen es der Jury jedes Jahr sehr schwer, die allerbesten auszuwählen.

DER ANTEIL DER GUTEN und sehr guten Einsendungen ist in den vergangenen Jahren kontinuierlich gestiegen, ebenso hat die Qualität dieser Arbeiten zugenommen. Sie ist höher zu veranschlagen als die vor zehn, 15 oder 20 Jahren. Es besticht das konzeptionelle Denken, eine ganze Reihe von Redaktionen besinnt sich auf die eigenen Stärken und füllt die Marktlücken aus, die der Zeitung erhalten geblieben sind. Viele andere tun nach wie vor so, als hätte sich nichts getan, und machen weiter im alten Trott. So gesehen sind die Niveauunterschiede zwischen den Zeitungen noch dramatischer geworden als vor 30 Jahren.

und widersetzen sich den Verlockungen derjenigen, die Fertiges oder Halbfertiges anbieten. Sie wissen mit denen umzugehen, die permanent ins Blatt drängen.

„SCHREIBEN, WAS IST" – Auf diesen drei Worten des rasenden Reporters Egon Erwin Kisch gründet der journalistische Urauftrag. Aber was ist „Was"? Jeden Tag trifft jede Redaktion Entscheidungen, was sie ihren Lesern bieten will, das „Was" betrifft aber auch die sehr grundsätzliche Frage, wie sich Zeitung im Zeitalter von Internet, Radio und Fernsehen versteht, was unter den aktuellen Medienbedingungen ihr Kerngeschäft sein soll und sein kann. Sie muss neu bestimmen, was für die Leser wichtig ist und interessant und was man getrost anderen Medien überlassen kann. Die klugen Zeitungen haben bei dieser Suche nach ihrer Marktlücke ihre Leser miteinbezo-

„Die klugen Zeitungen haben bei der Suche nach ihrer Marktlücke ihre Leser miteinbezogen."

Warum ist die Schere auseinandergegangen? Das hängt sicher damit zusammen, dass die Verlage an manchen Stellen zu viel sparen. Eine Lokalredaktion braucht eine Grundausstattung an Personal, um guten Journalismus machen zu können. Wenn für die Redaktion die Zeit nur dazu reicht, um Pressemitteilungen zu redigieren und ins Blatt zu heben, kann nichts Gutes dabei herauskommen. Diejenigen aber, die sich durch hohe Qualität auszeichnen, haben sich von falschen Routinen befreit. Ihr Zeitungsmachen ist bewusst und durchdacht. Sie denken in Konzepten. Die Redakteure sind auch bei ihnen weniger geworden, aber sie machen sich Gedanken, was Zeitung soll und was Leser brauchen. Sie stellen ihre Fragen aus der Sicht der Leser und setzen entsprechend Themen. Sie betreiben bewusst Agenda-Setting

gen. Sie wissen deshalb, dass ihre Leser Qualität schätzen. Gute Zeitungen setzen also nicht auf News um jeden Preis, sondern auf Zusammenschau und Erklärung. Sie stellen Fragen aus der lokalen und regionalen Perspektive. Und wenn sie es gut machen wollen, sind die Leser ihre Hauptverbündeten. Die guten Zeitungen wissen es, und sie tun es, sie machen sich mit einer Qualität unverzichtbar, die andere Medien nicht bieten können.

IN DEM MODELL „BÜRGERZEITUNG", das die „Braunschweiger Zeitung" seit Jahren perfektioniert, steckt viel Potenzial. Die Redaktion nutzt die Ideen, Erfahrungen und Anregungen der Menschen, sie begreift die Leser als Partner beim Zeitungmachen. Der Weg ist das Ziel: Ran an die Menschen, nicht nur als Zielpersonen für die fertige Zeitung, sondern als Ratgeber. Wem es gelingt, dabei auch jüngere Leser einzubinden, der ist auf einem Königsweg. Denn da wachsen Generationen nach, für die das Netz zur zweiten Haut geworden ist. Sie einzufangen, gelingt allenfalls einer Zeitung, die sie ernst nimmt, die Orientierung bietet.

Nur wer das Besondere bietet, wer originäre Inhalte vorweisen kann, hat Chancen, in einer Medienwelt zu bestehen, die sich im Umbruch befindet. Für Lokal- und Regionalzeitungen liegt es nahe, diese Unverwechselbarkeit im Lokalen zu suchen. Sie finden ihre Stärken da, wo sie sie noch haben können. Nirgendwo ist der Journalist den Menschen so nah wie im lokalen und regionalen Raum. Nur die Zeitung, die sich aus dem Lokalen heraus begreift, hat Überlebenschancen. Hier, in der Region und für die Region, kann und muss sie ihre Glanzlichter setzen. Wie man glänzen kann, machen die Besten der Guten Jahr für Jahr vor. Wie aber bitte bestimmt die Jury, wer in der Bestenliste eines Jahrgangs ganz vorne steht?

WENN ZEITUNGEN HERAUSRAGENDES zu bieten haben, nutzen sie gelegentlich ihren Standortvorteil. Oder sie profitieren von einer Vorlage, die ein einmaliges Ereignis bietet, sei es ein Skandal oder eine Katastrophe. Wenn die Mauer fällt, haben die Berliner Zeitungen einen Standortvorteil. Der Skandal um den Bau des internationalen Kongresszentrums in Bonn ist eine klassische Vorlage für eine Zeitung, die nicht schönschreiben will, was nicht schönzuschreiben ist.

Eine Vorlage, die sich keine Redaktion wünscht, ist ein Ereignis wie der Amok-

PREISGEKRÖNT

Die preisgekrönten Geschichten des 30. Lokaljournalistenpreises und viele weitere gute Beispiele aus Lokalzeitungen werden im 5. Ergänzungsband „Ausgezeichnet – Rezepte für die Redaktion" von Dieter Golombek ausführlich beschrieben. Zu beziehen für 19,80 Euro, zzgl. 2 Euro für den Versand, beim Medienfachverlag Oberauer per Mail unter vertrieb@oberauer.com.

lauf von Winnenden. Welche Redaktion hat schon für ein solches Katastrophenszenario die richtigen Rezepte in der Schublade? Von jetzt auf gleich müssen die Entscheidungen fallen, die vor den Lesern bestehen können. Eine gute Redaktion zeichnet sich auch in einer solchen Extremsituation aus. Schließlich gibt es noch Vorlagen, die alle Redaktionen gleichermaßen zur Verfügung stehen, wie die Erinnerung an die Verabschiedung des Grundgesetzes vor 60 Jahren. Den Rückblick kann die Zeitung pflichtgemäß abhandeln, sie kann die Erinnerung aber auch mit einer ungewöhnlichen Idee angehen und das große Thema mit Reportagen regionalisieren.

DIE JURY VERGIBT 2009 den 1. Preis an ein Konzept, das ohne Vorlage im oben beschriebenen Sinne auskommt. Der „Weser-Kurier" setzt neue Akzente für den lokaljournalistischen Alltag, holt Menschen ins Blatt, die sonst nur selten in der Zeitung stehen, und bietet Dienstleistungen, die ihren eigenen Charme haben. „Zeitungen dürfen nicht müde werden, nach neuen Wegen zu suchen, um Leser zu gewinnen und sie von ihrer Qualität zu überzeugen." Diese Worte hat Ex-Bundespräsident Horst Köhler den Redaktionen anlässlich der letztjährigen Preisverleihung im Braunschweiger Dom mit auf den Weg gegeben. In Bremen hat eine Redaktion gesucht und viel gefunden.

Die Gewinner des Jahres 2009

WESER KURIER
1. PREIS
Neue Nähe zum Leser

Die Redaktion unternimmt Ausflüge in die Lebenswirklichkeit von Mitbürgern, die selten oder nie ins Visier der Reporter gelangen. Sie zeigt die Sensationen des Alltags und profiliert sich als Helfer in der Not. Sie erfreut mit Reportagen und Porträts, dient mit Service und Nutzwert. Die Mischung ist originell, die Mischung stimmt.

Berliner Morgenpost
2. PREIS
Erlebte Geschichte

Große Themen bekommen den Platz, den sie brauchen. In 38 Folgen erzählen die Reporter die Geschichte vom Zusammenwachsen der Stadt. Originell die Idee mit dem Doppelporträt: In jeder Folge schreiben zwei Berliner Geschichte, wie sie sie erlebt haben.

WAIBLINGER KREISZEITUNG
SONDERPREIS
Die Frage nach dem Warum

Die Zeitung spielt sich nicht in den Mittelpunkt. Sie liefert die Informationen, die die Menschen in solchen Situationen brauchen, sie nimmt Anteil und stellt die Frage nach dem Warum. Ohne die Opferfamilien zu bedrängen, leuchtet die Redaktion das sensible Thema aus, leistet einen Beitrag zur Trauerarbeit vor Ort.

Die Gewinner des Jahres 2009

General-Anzeiger
PREIS IN DER KATEGORIE
INVESTIGATIVER
JOURNALISMUS
Verständlich, mutig, aber ohne Häme

Die Zeitung spürt eine Millionenfalle auf, ein hoch kompliziertes Thema, viel zu groß für einen Autor. Die Redaktion bündelt Kräfte, nutzt Sachverstand und Recherchekraft aus vielen Ressorts. Sie schreibt auf, was aufzuschreiben ist, verständlich, mutig, aber ohne Häme.

Berliner Zeitung
PREIS IN DER KATEGORIE
ZEITGESCHICHTE
Brücken zwischen Ost und West

Die Berliner, die rechts und links der Mauer lebten, waren sich über Jahrzehnte hinweg nah und doch so fern. Diese Menschen stellt die Zeitung in den Mittelpunkt ihrer journalistischen Unternehmungen, mit denen sie Brücken schlägt zwischen Einst und Jetzt, zwischen Ost und West.

Berliner Kurier
PREIS IN DER KATEGORIE
ZEITGESCHICHTE
Menschen an der Mauer

Die Zeitung stellt die Mauer in den Mittelpunkt ihrer Serie. Sie widmet ihre Geschichten Menschen, die entlang der Mauer lebten und verknüpft sie mit den Daten, Fakten und Hintergründen der Zeitgeschichte der Jahre 1961 bis 1989.

Die Gewinner des Jahres 2009

Süderländer Tageblatt
PREIS IN DER KATEGORIE
ZEITGESCHICHTE
Aufgefrischte Städtepartnerschaft

Plettenberg in Westfalen, Schleusingen in Thüringen: Eine in die Jahre gekommene Städtepartnerschaft wird aufgefrischt. Kontakte aus der Wendezeit werden reaktiviert und genutzt. Die Redaktion schreibt Geschichte und Geschichten, die des Erinnerns wert sind.

Fränkischer Tag
PREIS IN DER KATEGORIE
ZEITGESCHICHTE
Zeitzeugen als Partner

Die Zeitung arbeitet crossmedial. Sie nutzt den Vorteil des Internets, knüpft Kontakte zu Lesern, die Zeitzeugen der Wende waren. Redakteure und Leser erinnern gemeinsam an die Ereignisse, die vor 20 Jahren zur Öffnung der Grenzen geführt haben.

Augsburger Allgemeine
PREIS IN DER KATEGORIE
LEBENSHILFE
Integration als Chance

Die Zeitung schafft Öffentlichkeit für die behinderten Kinder und ihre Familien, sie berichtet einfühlsam, unterstützt die Anliegen der Eltern auf ihre Art und lässt so Integration zur Chance werden.

Die Gewinner des Jahres 2009

Neue Presse
PREIS IN DER KATEGORIE
SERIE
Die neu organisierte Redaktion

Das Projekt ist kühn, erfordert viel Aufwand. Es wird machbar, weil sich die Redaktion neu organisiert und so Themen in den Griff bekommt, die über den Tag hinausreichen. Ein eigenes Ressort Serien setzt neue Akzente und macht Ausblicke selbst in das Jahr 2049 möglich.

Reutlinger General-Anzeiger
PREIS IN DER KATEGORIE
HEIMAT
Die Schreiber machen es sehr persönlich

Leser wollen schon gern wissen, wer die Menschen sind, die sich ihnen Tag für Tag in gedruckter Form präsentieren, wollen wissen, wie sie Position beziehen. Was bedeutet ihnen Heimat, wie definieren sie einen Begriff, der nicht nur positiv besetzt ist? Die Journalisten stellen sich, sehr persönlich, gewinnen Profil.

Braunschweiger Zeitung
PREIS IN DER KATEGORIE
DEMOKRATIE
Die Grundrechte in der Region

Die Zeitung setzt wichtige Grundrechte in einen Bezug zu den Menschen in der Region und leuchtet aus, was Verfassung ist und was Wirklichkeit. Sie erinnert an den Dauerauftrag der Medien im demokratischen Gemeinwesen.

AUSGEZEICHNET

Essen Sie Hühnerfleisch noch mit Genuss?

Joachim Vollenschier wurde für die Arte-Reportage „Hühner für Afrika" mit dem 2. Platz beim Helmut-Schmidt-Preis ausgezeichnet.

JOACHIM VOLLENSCHIER: „Mit einem Konzern konnte ich wenigstens off the record sprechen, die anderen wollten niemanden an sich ranlassen. Sie wollen sich damit nicht auseinandersetzen."

Warum haben Sie sich Hühner als Demonstrationsobjekte für die Globalisierung ausgesucht?

JOACHIM VOLLENSCHIER: Das Thema hat Produzentin Birgit Schulz entdeckt. Ich habe es dann anrecherchiert und wir haben es zuerst der „Story"-Redaktion beim WDR angeboten. Sie wollten das Thema dann auch gerne. Dass Arte dann noch einen Themenschwerpunkt zur Globalisierung machen wollte, war eine schöne Fügung. Unsere Hühner-Story eignete sich ja besonders gut, um dieses Thema darzustellen, irgendwie zeigt die Geschichte ja exemplarisch, wie Globalisierung ganz unten ankommt und funktioniert.

Zwei Auftraggeber für ein Projekt. Ist das normal?

Gerade bei längeren Dokumentationen ist es üblich, dass man versucht, im Vorfeld mehrere Geldgeber zu finden, insbesondere wenn der Rechercheaufwand hoch ist und Auslandsaufenthalte anstehen. Der WDR war bei dieser Produktion federführend. Da das Geld aber nicht ausreichte, hat die Produzentin noch den NDR, der Arte in diesem Fall belieferte, mit ins Boot geholt und das Schulfernsehen. Die verschiedenen Filme wurden jeweils etwas anders geschnitten. Die „Story" war da noch etwas politischer als der Arte-Film. Der Schulfernsehbeitrag von 15 Minuten natürlich für Schüler mehr erklärend.

Wie lange waren Sie in Afrika und im europäischen Ausland unterwegs?

In Togo und in Ghana haben wir knapp 14 Tage gedreht. Wir waren zu dritt unterwegs: Kameramann Saschko Frey, Tonmann Robert Kellner und ich. In Afrika selbst hatten wir Stringer, die uns beglei-

AUSGEZEICHNET

DER INHALT

BRUST ODER KEULE – deutsche und französische Konsumenten haben sich entschieden: Seit der Wellnesswelle wird nirgends so viel Hähnchenbrust gegessen wie hierzulande und bei den Franzosen. Die Industrie bedient diesen Trend nur allzu gerne, denn das Filet wirft den höchsten Profit ab. Doch wohin mit dem verschmähten Rest? Er wird weltweit verschoben. Dabei landen diese Hühnerteile häufig in afrikanischen Ländern. Die Folge: lokale Märkte werden zerstört, Menschen erkranken an dem minderwertigen Fleisch. Auch, weil europäische Hygienevorschriften in Afrika nicht gelten. Joachim Vollenschier verfolgt in seiner Reportage diese Hühner-Reste auf ihren verschlungenen Wegen von Deutschland, Frankreich und den Niederlanden nach Afrika. Am Beispiel Ghana und Togo zeigt er, welche Auswirkungen die Exporte auf die Märkte haben und wie der europäische Hühnerwahnsinn die Menschen dort trifft. Der Film gibt auch Einblicke in ein Geschäft, in dem täglich Hunderttausende Hühner vom Schnabel bis zur Kralle verarbeitet werden. Und der Druck auf die Hühnerzüchter wächst nicht nur in Afrika: Riesige Mengen tiefgefrorenen Hühnerfleisches aus Brasilien werden billig nach Europa verschifft und vernichten selbst in den traditionellen Hühnerzuchtgegenden Frankreichs immer mehr Arbeitsplätze. Vollenschier dokumentiert ein globales Hähnchen-Roulette, das in einer zynischen Verkettung von Wellnesswahn und Geschäftemacherei die Existenz und Gesundheit von Menschen ruiniert.

DIE DRAMATURGIE

1. Joachim Vollenschiers Film beginnt in Afrika: Am Beispiel Ghanas zeigt der Autor, wie das Tiefkühlfleisch aus Europa angeliefert und auf verschiedenen Märkten Accras verkauft wird. Bei seiner weiteren Reise durch Ghana besucht Vollenschier nicht nur verwaiste Geflügelfarmen, sondern zeigt auch, welche sozialen Auswirkungen die Fleischimporte aus Europa in Afrika haben: Nicht nur die Familien der arbeitslos gewordenen Hühnerzüchter müssen Hunger leiden, auch die Mitarbeiter der Futtermühlen stehen auf der Straße.

2. Als Nächstes beleuchtet Joachim Vollenschier den Wellnesstrend in Deutschland und Europa. Ein Küchenchef und eine Marktforscherin kommen zu Wort und erklären, warum das „weiße Fleisch" hier so beliebt ist.

3. Auf einem Kongress des Landwirtschaftsministeriums in Berlin interviewt Vollenschier UN-Sonderbeauftragten Olivier De Schutter, um mehr über die Zusammenhänge zwischen europäischen Fleischexporten nach Afrika und dem zunehmenden Hunger in den afrikanischen Ländern zu erfahren.

4. Um das Geschäft der Geflügelindustrie zu beleuchten, macht sich der Autor auf den Weg nach Frankreich, wo er nicht nur bei Geflügelmagnat „Doux" zu drehen versucht, sondern auch Gewerkschafter besucht, die von um sich greifenden Werkschließungen in Frankreich berichten: Die Globalisierung ist auch bei den früheren Gewinnern des Fleischexports angekommen. Dass es Alternativen gibt, zeigen Aufnahmen des französischen Hühnerbauern Renè Louail.

5. Eine Rückblende nach Ghana informiert den Zuschauer über die gesundheitlichen Risiken des Frostfleischverzehrs für die afrikanische Bevölkerung. Und auch in Togo sind die Fleischreste aus Europa (speziell aus Bayern) bereits auf Märkten aufgetaucht und haben die Essgewohnheiten der Menschen verändert.

6. Inspiriert von Aussagen Olivier De Schutters macht sich Vollenschier auf die Suche nach alternativen Geschäftsmodellen in der Geflügelindustrie, die er über Umwege über die Niederlande und Deutschland (Niedersachsen) schließlich in Frankreich findet.

7. Als Abschluss des Films wird ein von Entwicklungshelfern unterstütztes Musterhühnerhof-Projekt in Togo vorgestellt, dessen Erfolgschancen allerdings gering zu sein scheinen. Denn schon hält ein neuer Trend auf afrikanischen Märkten Einzug: gefrorene Schweinepfoten.

tet haben. Die Drehs in Frankreich dauerten eine knappe Woche. Die restlichen Aufnahmen sind bei Tagesdrehs entstanden, die wir von Köln aus unternommen haben, zum Beispiel nach Holland.

Wie aufwendig waren die Recherchen für den Film?

Die Hauptrecherchen vor dem Dreh sind in Deutschland gelaufen, ich hatte einen Informanten, der sich speziell mit dem Thema Hühnerexporte beschäftigt hat und der mir viele Kontakte nach Afrika machen konnte. Einen Hühnerfarmer zum Beispiel oder auch andere Beteiligte in Afrika zu finden, ist von hier aus kaum möglich. Da kann man natürlich nicht mal so eben anrufen und sich anmelden, sondern das muss alles relativ aufwendig über viele Kontakte vorbereitet sein, damit es dann in der Kürze der Zeit auch funktioniert.

Wurden Sie in Afrika mit offenen Armen empfangen oder eher kritisch beäugt?

In Afrika sind wir offene Türen eingelaufen. Das Problem brennt den Leuten dort ja unter den Nägeln. Selbst afrikanische Politiker sehen die Entwicklung, dass ihre Märkte mit unserem Hühnerfleisch zugeschüttet werden, ja mit Sorge.

Wie frei konnten Sie sich in Afrika bewegen?

In Ghana und auch in Togo war es unproblematisch. Es bedeutet ein bisschen organisatorischen Aufwand, das heißt, man muss eine Drehgenehmigung haben, die man übers Ministerium beantragt, man kriegt einen Presseausweis ausgehändigt und einen Aufpasser oder Begleiter vom Informationsministerium zur Seite gestellt. Das ist aber nicht so, wie man es aus früheren Ostblockstaaten kennt. Die Aufpasser schauen halt, wo wir drehen und was. Wir mussten uns vorher auch genau festlegen, an welchen Drehorten wir wen was fragen wollen, und entsprechende Genehmigungen einholen. Unser Begleiter hat uns aber wirklich unterstützt. Neue Drehorte konnten auf dem kurzen Dienstweg relativ unbürokratisch in die Drehgenehmigung eingetragen werden.

Ihr Film steht mit seinen langen Sequenzen in wohltuendem Gegensatz zur gängigen MTV-Ästhetik. Haben Sie diesen Stil bewusst gewählt?

Beim Filmemachen ist der Rhythmus sehr wichtig. Das bedeutet auch, dass man das Tempo mal wechselt und gerade in solchen Dokumentationen auch Raum sein muss für längere Sequenzen. Ich habe diese Sachen manchmal sogar noch dadurch ausgereizt, dass ich Zeitlupen eingesetzt habe und die Musik so verwendet worden ist, dass das Ganze gedehnt wurde. Einfach, um durch die Wirkung der Bilder ein bisschen den Druck zu erhöhen. Längen sind natürlich bewusst eingesetzt und gerade bei Filmen für Arte kann man es sich auch erlauben, sich Zeit zu nehmen und auf lange Einstellungen und die Bilder zu vertrauen.

Haben Sie sich unter einem Vorwand für den Kongress in Berlin akkreditiert?

Nein, das war auch gar nicht nötig. Wir konnten da mit offenem Visier reinge-

PREISGEKRÖNT

IN DER REIHE „BEST OF" sind 2010 folgende Dokumentationen von preisgekrönten Geschichten und Reportagen erschienen. Nachbestellung: www.newsroom.de

hen. Denn letztlich war unser Thema auch Bestandteil des Kongresses.

Die großen Geflügelproduzenten wollten nicht mit Ihnen reden. Schämen die sich für ihr Afrika-Geschäft?

Das ist das, was mich am meisten erst gewundert und dann geärgert hat: dass niemand aus der Lebensmittelindustrie hier in Deutschland sich in der Lage gesehen hat, auch nur etwas dazu zu sagen. Das hat mehrere Gründe. Der wichtigste ist, dass selbst renommierte Unternehmen mit guten Produkten und ansonsten offensiver Pressearbeit vermeiden wollen, dass ihr Name innerhalb eines Skandals oder auch nur einer schlechten Nachricht auftaucht. Die machen sofort alle Klappen zu, wenn es darum geht, sich mit Kritik auseinanderzusetzen oder überhaupt nur über Kritik nachzudenken. Mit einem Konzern konnte ich wenigstens off the record sprechen, die anderen wollten niemanden an sich ranlassen. Sie wollen sich damit nicht auseinandersetzen, geschweige denn sich einer gesellschaftlichen Verantwortung stellen. Sie wollen einfach Geld verdienen und haben Angst, dass etwas hängen bleibt.

Hat jemand versucht, Druck auf Sie auszuüben?

Der Druck seitens der Industrie ist relativ groß. Und man muss immer schauen, auf wessen Seite man sich schlagen kann, um an seine Informationen zu kommen. In Deutschland und in Frankreich beispielsweise waren vonseiten der Geflügel-Verbände alle Türen zu und die Unterstützung der Firmen gleich null. In Frankreich ist die Situation allerdings so, dass die Fronten wie bei dem großen Geflügelproduzenten Doux und der Gewerkschaft CGT viel klarer als hierzulande aufgemacht werden. Gewerkschaften und Firmenleitung gehen sehr aggressiv miteinander um, was auch wir zu spüren bekamen. Doux hat uns sehr massiv zu verstehen gegeben, dass wir mit keinerlei Unterstützung rechnen können. Die Gewerkschaft wiederum hat alle Hebel in Bewegung gesetzt, um uns zu helfen. Bei unserem Versuch, direkt in der Doux-Verwaltung ein Interview oder eine Stellungnahme der Firmenleitung zu bekommen, sind wir hochkant vom Gelände geflogen. Trotzdem hat sich der Versuch gelohnt, einige Bilder haben wir schließlich doch machen können. In Frankreich hat Doux auch versucht, den Beitrag über Anwälte zu verhindern. Bis heute läuft eine Klage auf Rufschädigung von Doux gegen einen kleinen französischen Sender, der den Beitrag ebenfalls ausgestrahlt hat. Hier in Deutschland hat sich der Druck in Grenzen gehalten, wohl auch, weil der Verband wohl relativ klar abwägt, ob es nützt, das Thema öffentlich zu machen, oder es nicht besser ist, alles unter der Decke zu halten.

Essen Sie Ihr Hühnerbrustfilet nach all diesen Erfahrungen noch mit Genuss?

Ich esse nach wie vor gerne Geflügel und Fleisch. Trotzdem achte ich darauf, was ich esse und dass es von regionalen Anbietern kommt. Ich habe mittlerweile einen großen Horror vor dieser Massentierhaltung und den Produkten, die so erzeugt werden. Die Intention meines Beitrags war es auch nicht, den Leuten den Appetit zu verderben, sondern einfach ein bisschen bewusst zu machen, wo unser Essen herkommt und was wir mit unseren Essgewohnheiten auslösen.

Haben Sie nach allem noch Hoffnung für die afrikanischen Hühnerzüchter?

Ich habe da wenig Hoffnung und das bezieht sich nicht nur auf das Thema Hühnerfleischexporte. Gerade in solchen Fällen halte ich die Globalisierung für einen absoluten Irrweg. Aber daran werden wir, wenn überhaupt, nur sehr langfristig etwas ändern können. Der Verbraucher hat es in der Hand. Solange er das kauft, was billig ist, werden sich diese Märkte nicht verändern.

Alle Preisträger 2010 und ihre Arbeiten in „Best of Helmut-Schmidt-Preis". Nachbestellung: www.newsroom.de

Mit Spannung erwartet

Mit einem Strom innovativer Ideen verleiht Audi der effizienten, umweltschonenden Mobilität neuen Schub. Ein faszinierendes Beispiel dafür: der Audi e-tron Spyder. Wie gut Vernunft und Faszination harmonieren, beweist Audi immer wieder mit wegweisenden Neuheiten – zu entdecken unter www.audi-mediaservices.com

Audi
Vorsprung durch Technik

GESELLSCHAFT

GESELLSCHAFT

Foto: Maurice Weiss/Agentur Ostkreuz

Draufhauen erhöht nicht die Distanz

Ist Politikjournalismusverdrossenheit die logische Folge von Politikverdrossenheit? Bernd Ulrich fordert von sich und seinen Kollegen, die Kriterien ihrer Politikkritik offenzulegen. Diese Maßstäbe dürften nicht so beschaffen sein, dass die „Politik immer nur verlieren kann".

Bernd Ulrich ist stellvertretender Chefredakteur der „Zeit", er leitet das Politik-Ressort.

Der Journalismus verändert das Bild von der Welt. Darum fragt sich, was also haben wir zur Entfremdung von Politik und Volk beigetragen. Selten zuvor wurde der Journalismus, zumal der politische, so durchgeschüttelt wie in diesem Jahr. Ob nun die Enthüllungen über den sexuellen Missbrauch an Schülern, die Sarrazin-Debatte oder die Wikileaks-Depeschen – stets ging es auch um uns, um unsere Haltung, um unsere Fehler, darum, ob wir eine Zukunft haben. Ist das wichtig, außer für die Journalisten selbst? Der Journalismus setzt zwar selten etwas in die Welt, aber er verändert das Bild von der Welt. Insofern muss man sich fragen, was wir dazu beigetragen haben, dass Politik und Volk sich in diesem Jahr noch weiter entfremdet haben, dass es ein Jahr voller Wut war, an dessen Ende man das Gefühl hat: Der Boden, auf dem diese Demokratie steht, ist wieder etwas schlüpfriger geworden.

GESELLSCHAFT

SEXUELLER MISSBRAUCH und die falsche Frage: Wem nützt die Wahrheit? Anfang dieses Jahres wurden massenhaft Missbrauchsfälle in katholischen Schulen bekannt. Die meisten davon lagen da schon Jahrzehnte zurück. Schon diese Tatsache, dass etwas, das so häufig geschehen war, so lange unentdeckt bleiben konnte, erzeugte unter Journalisten eine gewisse Beklommenheit. Schließlich gehört das Aufdecken zum Kerngeschäft der Medien. Richtig peinlich wurde die Sache, als der Missbrauch an der reformpädagogischen Odenwaldschule publik wurde. Es hatte darüber nämlich schon zehn Jahre zuvor einen großen Bericht in der „Frankfurter Rundschau" gegeben, nach dessen Erscheinen etwas Sonderbares, ja geradezu Unheimliches geschah: nichts. In einer Schule voller ben, worauf er einen Anspruch hat. Zum anderen ist das Internet, gottlob, heute so mächtig, dass Unterlassungen des Printjournalismus kaum noch unentdeckt bleiben. Auch das setzt der Willkür von Journalisten Grenzen.

SARRAZIN UND DAS GUTGEMEINTE. Dennoch brachte das Jahr 2010 eine weitere Niederlage für das Gutgemeinte mit sich. Thilo Sarrazin hat ein Buch veröffentlicht, in dem er mit genetischen Kategorien hantierte und sich pauschal respektlos gegenüber Muslimen äußerte. Aber auch falsche Bücher können echte Defizite aufdecken – in der Integration und im Journalismus. Mehr als eine Million verkaufte Exemplare lassen sich nicht allein mit Ressentimentbedürfnissen der Leser erklären, sie zeigen, dass

> „Das Internet ist heute so mächtig, dass Unterlassungen des Printjournalismus kaum noch unentdeckt bleiben."

Schüler prominenter Eltern wird Missbrauch aufgedeckt, und keine andere Zeitung geht dem nach – wie konnte das geschehen? Wenn man eine Verschwörung ausschließen und bloße Nachlässigkeit als Grund nicht gelten lassen will, so gibt es nur eine Erklärung: In den Redaktionen wurde damals von den je Zuständigen beschlossen, die Sache „nicht aufzubauschen", um der Reformpädagogik nicht zu schaden, ihren Gegnern nicht in die Hände zu spielen. Es handelte sich also um einen politisch motivierten Cui-bono-Journalismus, genauer: um Unterlassungsjournalismus. Allerdings liegt diese Unterlassung zehn Jahre zurück, mittlerweile hat es politikmachender Journalismus schwerer. Einmal sind die Zeitungen ökonomisch so sehr unter Druck, dass sie es sich nicht mehr leisten können, nach eigenem Gusto Politik zu machen, sie müssen dem Leser schon ge- auch wir, die liberalen Medien, etwas falsch gemacht haben. Die Sarrazin-Debatte hatte drei Phasen, deren erste lange vor Erscheinen des Buches begann. Dazu muss man wissen, dass in den meisten Redaktionen fast keine Migranten arbeiten, dass deren Lebenswelt ihnen fremd ist. Darum wurde Kenntnis allzu oft durch Correctness ersetzt. Man wollte den „Ausländern" nicht schaden, deswegen wurde zu wenig über Missstände berichtet, aber auch kaum über das wirkliche pralle Leben mit seinen dramatischen Konflikten und oft faszinierenden Lösungen. So entstand durch die ethnische Homogenität der Zeitungsredaktionen ein Vakuum, in das Sarrazin hineinstieß.

In der zweiten Phase, beim Erscheinen des Buches, machten dann zunächst die meisten Zeitungen – gemeinsam mit der etablierten Politik! – Front gegen Thilo

Sarrazin. Das wiederum roch nach Kartellbildung, nach gemeinsamer Sache zwischen Medien und Politik, und brachte vor allem im Internet viele erst richtig in Rage. Die meisten Journalisten ließen sich dadurch verunsichern, was dann die dritte Phase einleitete – den Sieg von Sarrazin. Die Zeitungen wichen fast geschlossen zurück und geißelten fortan die ihnen plötzlich unhaltbar erscheinenden Zustände in Neukölln. Und Neukölln war mit einem Mal überall. Doch warum ließen sich die traditionellen Medien von den wütenden Reaktionen im Internet so beeindrucken? Weil sie oft das Gespür fürs Volk verloren haben. In den mittelschichtdominierten Redaktionen finden sich heute nicht nur wenige Migranten, sondern auch wenige Kollegen aus dem Arbeitermilieu, es findet sich überhaupt wenig Verschiedenheit. Hinzu kommt die Neigung von Journalisten, sich auch privat überwiegend mit Journalisten zu umgeben, soziale und ständische Grenzen werden kaum noch überschritten. Homogenität und Hermetik prägen die Medien. Wer dann nach der Stimme des Volkes sucht, landet unversehens im Internet (und bei der „Bild", der man schon deshalb mehr Volksnähe zutraut, weil man sie selbst so verachtet). Doch das Internet ist nicht das Volk, allenfalls das Volk in extrem gereizter Stimmung. Da tummeln sich besonders viele Menschen mit viel Zeit und viel Wut, die im Schatten ihrer Anonymität wild um sich schreiben. Das Internet ist ein Korrektiv, aber selbst wutverzerrt und wenig repräsentativ. Das Gespür fürs Volk kann es nicht ersetzen, da müsste man schon etwas neugieriger und multikultureller leben. Und die Redaktionen anders mischen.

WIKILEAKS UND DIE WÜRDE DES JOURNALISTEN. Einige Peinlichkeit beim Thema Missbrauch, eine Niederlage in der Sarrazin-Debatte – aber es kam noch schlimmer. Wikileaks machte in diesem Jahr drei Mal mit der Veröffentlichung geheimer Dokumente Schlagzeilen. Das wirft für unsereins unangenehme Fragen auf. Wenn man einmal vom Größenwahn und der merkwürdigen Utopie des Wikileaks-Chefs absieht, so bleibt ein Prinzip, das so einfach ist, dass die Medien selbst darauf hätten kommen können. Im Kern ist Wikileaks ein niederschwelliges Angebot an jedermann, Dinge, die er für skandalös hält, bei garantierter Anonymität an die Öffentlichkeit zu bringen. Jede Zeitung kann das anbieten – und hernach mit dem Material so verantwortlich umgehen wie sonst auch. Nun hatten aber nicht wir die Idee, sondern es war Julian Assange, weswegen die Medien derzeit nicht ihr Spiel spielen, sondern seines. Kein Wunder, dass Assange sagte, er sei kein Journalist, aber er „leite Journalisten an". Die Medien, die mit Wikileaks zusammenarbeiteten, verhielten sich dann bei der Bearbeitung der Depeschen so wie der Bezahlsender Sky bei der Fußball-Bundesliga: mehr Werbung in eigener Sache als Journalismus, denn was so aufwendig ergattert wurde, kann alles sein – nur nicht langweilig oder irrelevant. Also wurden erfahrene Journalisten dazu gedrängt, angesichts der Depeschen vor Überraschung geradezu verzückte Artikel zu schreiben, in denen sie Tatbestände „enthüllen" mussten, die sie schon lange vorher dank eigener Recherche beschrieben hatten. Das pakistanische Militär spielt ein Doppelspiel? Sapperlot! Beim Klimagipfel in Kopenhagen haben sich die USA und China gegen die EU zusammengetan? Wer hätte das gedacht! Hoch qualifizierte Journalisten in gekrümmter Schreibhaltung – das ist keineswegs die Schuld von Wikileaks, das ist hausgemacht. Auf dem vorläufigen Höhepunkt des Depeschen-Journalismus mahnte die „Bild"-Zeitung in einem Kommentar bei der „Süddeutschen Zeitung" seriöse Arbeit an. Spätestens da war klar: Hier läuft was schief.

WIKILEAKS UND DIE WÜRDE DER POLITIK. Kann man die Informationen von Julian Assange verwenden, ohne sich seine Ideologie mit einzufangen? Er will „das System", „die Macht", „die Konspira-

GESELLSCHAFT

tion" ins Wanken bringen und differenziert dabei wenig zwischen demokratischer und undemokratischer Macht. Das allerdings ist für demokratische Journalisten der wichtigste Unterschied der Welt. Oder wollen auch wir den demokratischen Staat ins Wanken bringen? (Wankt er nicht schon?) Der „Spiegel", der nach wie vor als Leitmedium des investigativen Journalismus anzusehen ist, hatte in seiner ersten Enthüllungsgeschichte bereits auf Seite 2 das Urteil über die deutsche Politik gefällt: Man sehe „das beschämende Porträt einer politischen Klasse, die nichts Besseres zu tun hat, als hinter dem Rücken des anderen mit den Amerikanern zu konspirieren, zu denunzieren, zu obstruieren". Das geben die Depeschen keineswegs her. Vielmehr zeigen sich deutsche Politiker

Antwort darauf lautet: Wir stellen uns an die Spitze der Politikverdrossenheit und weisen immerzu nach, dass die Politiker von niedrigen Motiven getrieben sind, süchtig nach Aufmerksamkeit, gierig nach Macht, dem Volk entfremdet, und reden können sie auch nicht. Das funktioniert, der politische Journalismus kann von den Verfallsgasen des Politischen leidlich leben. Aber wie lange? Nachhaltiger Journalismus ist das jedenfalls nicht. Wenn so etwas dennoch grassiert, dann weniger aus rationalen als aus psychologischen Gründen. Das vergangene Jahrzehnt hat den klassischen Journalismus in eine Selbstachtungskrise gestürzt. Wiederum war der Siegeszug des Internets nicht der Grund dafür, sondern nur der Anlass. Auf die Herausforderung durch das Netz reagierten die

„Warum verhalten sich Journalisten gegenüber der politischen Klasse so verächtlich?"

darin als frotzelnde, etwas eitle und vertrauensselige Truppe. Das Urteil über die Niedertracht der politischen Klasse ist hier keineswegs das Ergebnis der Recherche, es ist ihre Voraussetzung, oft gar eine Arbeitshypothese für das Herangehen an die Politik überhaupt. Warum ist das so? Warum verhalten sich Journalisten gegenüber der politischen Klasse so verächtlich, als hätten sie eine zweite im Kofferraum? Wollen sie doch das System ins Wanken bringen?

POLITIKVERDROSSENHEIT UND POLITIKJOURNALISMUSVERDROSSENHEIT. Der politische Journalismus steht seit Jahren vor einem ernsten Problem: Wenn das Ansehen der Politik und das Interesse an ihr immer weiter abnehmen, wie kann dann ein Journalismus überleben, der sich tagtäglich mit Politik beschäftigt? Die unausgesprochene, aber häufigste

meisten Zeitungshäuser mit Umsonstjournalismus im Internet. Zudem sollten die hoch spezialisierten Schreiber alles zugleich sein, Blogger, Twitterer, Fotograf, Filmemacher – Generaldilettanten eben. Obendrein wurde der Untergang der Printmedien besungen, Journalisten mussten sich vorkommen wie Tote auf Urlaub. All das trug nicht eben zur Selbstachtung unseres Berufsstandes bei. Und wer sich selbst nicht achtet, achtet auch keinen anderen, am wenigsten die Politik.

VOM SEGEN DES INTERNETS FÜR PRINT. Das Verhältnis der Zeitungen zum Internet ist, freundlich gesprochen, überspannt. Was soll das Netz nicht alles sein: der Feind, das Volk, die Zukunft. All das sind Projektionen, die aus der eigenen Verunsicherung kommen. Doch sind die Prognosen vom baldigen Absterben des gedruckten Journalismus nicht eingetreten, und es spricht wenig dafür, dass sich das in absehbarer Zeit ändert. Das Netz bietet alles – aber kaum Struktur. Eine strukturlose Öffentlichkeit jedoch liegt nicht im Interesse der Bürger und nicht in dem der meisten Leser. So kann das Netz für uns nur ein Mittel sein, ein Konkurrent und ein Kontrolleur. Alles lebenswichtige Funktionen für den Journalismus. Teil des Systems? Ja, aber welches Systems? Neben dem Verhältnis zum Internet ist das zur Politik prekär geworden. Oft wird dem Journalismus vorgeworfen, er stecke mit der Politik unter einer Decke. Die anfänglich geschlossene Front gegen Sarrazin erweckte diesen Eindruck, auch die Kritik an Wikileaks. Dieser Vorwurf trifft schwer, weil der Journalismus aus dem Kampf gegen die Macht hervorgegangen ist (gegen diktatorische Macht allerdings). Doch erhöht dauerndes Draufhauen keineswegs die Distanz, es ist nur eine besonders bullige Art der Nähe. Eher ist es die uniforme Sprache von Politik und Medien, die stutzig macht. Sind Journalisten nun Teil des Systems? Sie dürfen es nicht sein, wenn damit gemeint ist, dass sie gemeinsame Kampagnen machen und einander schonen. Sie müssen es sein, wenn mit diesem System die Demokratie gemeint ist. Denn, ja, wir haben ein Interesse daran, dass der demokratische Rechtsstaat, dass Meinungsfreiheit und Pluralismus überleben, das gehört zu unserer Natur. Deswegen sollte politischer Journalismus kein gemeinsames Interesse haben – außer die Erhaltung der Reproduktionsmöglichkeiten demokratischer Politik. Konkret bedeutet das, dass wir gegen jede konkrete Politik anschreiben können, nur nicht gegen alle Politik. Dass wir die Kriterien der Kritik offenlegen müssen und diese Kriterien nicht so anlegen dürfen, dass die Politik immer nur verlieren kann. Auf die Dauer liest sich das auch besser.

GESELLSCHAFT

Die paradoxe Leidenschaft zum Gleichklang

Sie machen es schlecht, wenn sie immer nur alles schlechtmachen, was Politik ausmacht. Wenn sich Journalisten ausschließlich in ihrer Rolle als Kritiker gefallen, tun sie dieser Demokratie keinen Gefallen. Giovanni di Lorenzo fordert mehr Respekt für die Politik.

Giovanni di Lorenzo ist seit 2004 Chefredakteur der „Zeit". Die folgende Passage stammt aus dem Buch „Wofür stehst Du? Was in unserem Leben wichtig ist – eine Spurensuche" (Verlag Kiepenheuer & Witsch, Köln, 2010), das er gemeinsam mit Axel Hacke geschrieben hat.

Wie ich das hasse: dieses ewige Herumhacken auf allem und jedem, was Politik ausmacht! Und das ausgerechnet in Deutschland, das doch ein Schlaraffenland ist!

Wem hier Unrecht geschieht, der kann sich vor Gericht wehren, auch dann, wenn er mittellos ist – und das Verfahren dauert Monate, nicht Jahre wie in anderen Ländern. Wer krank ist, wird gut versorgt, auch wenn er immer nur in der AOK pflichtversichert war. Wer in finanzielle Not gerät, dem wird geholfen, manchmal mit Beihilfen, die höher sind als der Lohn, den er für eine Arbeit erhalten würde. Es gibt freie und kritische Medien in Hülle und Fülle, die noch Verlegern gehören und nicht Industriekonsortien, die ihre Blätter für wirtschaftliche Interessen instrumentalisieren. Und wenn Politiker über die Stränge schlagen, dann wird ihnen gnadenlos

GESELLSCHAFT

Rechenschaft abverlangt, in der Öffentlichkeit und vor Untersuchungsausschüssen.

Ganz wichtig noch (und das ist eigentlich für mich die Voraussetzung, um hier leben zu können): Das Land hat sich glaubhafter und tiefer mit den Verbrechen seiner Geschichte auseinandergesetzt als jedes andere, das ich kenne. Und gottlob widersteht immer noch eine Mehrheit dem Ruf jener, die einen „Schlussstrich ziehen", den Nationalsozialismus endlich „bewältigt" haben wollen (die Fürsprecher ähneln übrigens oft auffällig jenen, die jetzt die Auseinandersetzung mit den Untaten der DDR am liebsten sofort beenden würden).

Was wirklich irritierend ist, wenn auch menschlich nachvollziehbar: die Selbstverständlichkeit, mit der wir unser Gemeinwesen sehen. Es ist aber nicht selbstverständlich, ganz und gar nicht. Es ist etwas, das immer neu erarbeitet werden muss – und immer wieder gefährdet ist. Wobei übrigens Demokratie-Treue in Jahrzehnten bei uns auch erkauft wurde: mit der Aussicht auf immer neue Wohltaten. Jetzt aber gibt es zum ersten Mal seit dem Krieg kein Versprechen auf Zuwachs mehr. Umso wichtiger wäre es eigentlich, sich bewusst zu machen, was wir haben, was es uns bedeutet und was wir dafür zu tun bereit sind.

Vielleicht muss man als Fremder nach Deutschland kommen, um das überhaupt würdigen zu können. Hier musste zum Beispiel vor vielen Jahren ein Bundesminister zurücktreten, weil er auf amtlichem Briefpapier für eine „pfiffige Idee" seines angeheirateten Vetters geworben hatte. In Italien hätte ein Minister eher zurücktreten müssen, wenn er einen solchen Werbebrief nicht geschrieben hätte. Manchmal driftet diese Kontrollwut ins Inquisitorische, Selbstgerechte, Verlogene und geradezu Lächerliche ab: Es gab auch schon Politiker, die ihren Posten verlassen mussten, weil sie im Amt erworbene Bonusmeilen privat verflogen hatten.

Kann es nicht sein, dass die Deutschen ihren Politikern vorwerfen, was sie an sich selbst nicht leiden können: die Gier selbst im Kleinen, die Rabattmarkenmentalität, die Geiz-Geilheit?

Kein Wunder, dass sich nur noch ganz wenige bereitfinden, diesen Beruf zu ergreifen.

Nie gab es in Deutschland mehr Medien als heute, nie waren sie freier. Und doch haben sie einen fatalen Hang, sich an die Spitze der Nörgler und Herumhacker zu stellen, weil sie sich davon noch

„Kann es nicht sein, dass die Deutschen ihren Politikern vorwerfen, was sie an sich selbst nicht leiden können?"

am ehesten das Interesse ihrer Leser und Zuschauer für Politik versprechen, die ansonsten der Parteipolitik müde sind. Lass uns nicht über Selbstverständliches reden, nämlich darüber, dass Journalisten in erster Linie dazu da sind, kritisch über alles zu berichten – von den Nöten der Milchbauern im Chiemgau bis zum Versuch der Vertuschung eines Massakers an afghanischen Zivilisten bei Kundus. Aber sie sind doch auch Mittler und in diesem Prozess dafür verantwortlich, dass die Leute verstehen, warum viele Entscheidungen lange dauern und wahnsinnig kompliziert sind. Außerdem frönen sie einer paradoxen Leidenschaft zum Gleichklang: Gerade Journalisten neigen dazu, zu jedem Trend gleich den Gegentrend auszurufen, zu jeder These gleich die Antithese. Das, was gestern als richtig galt, soll heute plötzlich falsch sein.

Um die Jahrtausendwende wurde von den meisten Journalisten eine Entschlackung des überbordenden Sozialstaats angemahnt. Als dann aber die Hartz-Gesetze in Kraft traten, wurden sie als unsozial gebrandmarkt. Vor der Bundestagswahl 2005 schwenkten einige Medien schon wieder um und schlugen sich auf die Seite Angela Merkels, die damals noch für einen radikalen Reformkurs stand – was mit Beginn der Großen Koalition auch schon wieder Geschichte war. Nach dem Bankencrash, in einer Phase der Rezession, forderten dann plötzlich viele Kommentatoren, die vorher den deregulierten Markt beschworen hatten, eine „Renaissance des Staates", der retten, eingreifen und Konjunkturpakete schnüren sollte.

Bei der Wahl 2009 ging es so weiter: Im Bild der Medien hatte erst die Große Koalition angeblich abgewirtschaftet; eine Alternative aus SPD, Grünen und Linken wurde sowieso als regierungsunfähig dargestellt. Die neu gewählte schwarz-gelbe Koalition hatte dann aber nach wenigen Wochen einen „Fehlstart" hingelegt. Und daraufhin galt plötzlich wieder die Arbeit der vorherigen Großen Koalition als gar nicht so übel. Am Ende steht für den Leser allenfalls wieder die Erkenntnis: Politiker sind alle gleich, gleich schlecht.

GESELLSCHAFT

Zynismus ohne Format

Im Interview mit dem „Weser-Kurier" zeigt sich Günter Grass nur sehr bedingt zufrieden mit den Leistungen des deutschen Journalismus. Er beklagt einen „routiniert hämischen Ton".

Günter Grass zählt zu den bedeutendsten deutschen Autoren, 1999 erhielt er den Nobelpreis für Literatur.

Welche Zeitungen lesen Sie regelmäßig?
GÜNTER GRASS: Also, ich lese hier das lokale Blatt, die „Lübecker Nachrichten". Dann lese ich, um immer informiert zu sein, was auf der politisch gegnerischen Seite so formuliert wird, die „FAZ", zudem den „Freitag", die „Zeit" und gelegentlich die „Süddeutsche".

Sind Sie zufrieden mit den Leistungen des deutschen politischen Journalismus?
Das kann ich nicht so sagen, nein. Soweit ich Vergleichsmöglichkeiten habe, fehlt mir angesichts der politischen Lage, in der wir uns befinden, in einer Krisenzeit, dieser gründlich recherchierende Journalismus. Mir lebt das alles zu sehr von der Hand in den Mund, macht sich an Äußerlichkeiten fest. Das geht oft sogar bis ins Feuilleton hinein. Ich erfahre, wenn irgendwo ein Schriftsteller eine Lesung gehabt hat, eine Menge darüber, welchen Anzug er trägt und ob er eine Krawatte hatte oder nicht, aber wenig Inhaltliches. Es ist auch ein Ton in manche Berichterstattung hineingekommen,

den ich routiniert hämisch nennen möchte. Das ist dann oft flott und auch witzig formuliert, aber bar jeder Information, die ich eigentlich von Journalisten erwarte.

Woher kommt der von Ihnen kritisierte Zynismus?

Es ist kein Zynismus, der aus einer großen Verletzung heraus kommt, es ist ein 08/15-Zynismus, ohne jegliches Format. Das geht schon mittlerweile bis zu unseren Tagesschau-Sprecherinnen, wenn sie mokant die Mundwinkel verziehen über etwas oder dämchenhaft die Nase rümpfen. Das ist ein Philistertum neuester Spielart, mit einer zynischen Mundharmonika gespielt. Ich finde es grauenhaft.

Wir haben nicht den Journalismus, den wir verdienen. Ich stelle zum Bei-

Wenn Sie Journalisten und Autoren einen Rat geben sollten, welcher wäre das?

Diesen Beruf ernst zu nehmen und die Kontrollmöglichkeit, die vom Journalismus ausgehen kann. Überall dort, wo Verschleierung stattfindet, wo Kumpanei entsteht, wo nicht mehr die vom Volk, dem eigentlichen Souverän in unserer Gesellschaft, gewählten Vertreter, die Bundestagsabgeordneten, sondern weitgehend der Lobbyismus die Politik bestimmt, da muss angesetzt werden. Jeweils nach Wahlen wird darüber gejammert, wie gering die Wahlbeteiligung ist, aber es ist falsch und im Grunde beleidigend, von vornherein zu vermuten, dass die mangelnde Wahlbeteiligung nur auf Faulheit beruht oder auf Desinteresse oder apolitischem Verhalten. Es ist vielmehr ein gewachsenes

„Im Ausland ist die Kritik unabhängig und sachlicher."

spiel fest, dass Journalisten oft nicht gut vorbereitet sind, wenn sie zu mir kommen.

Lesen Sie noch, was Journalisten über Sie schreiben?

Weniger. Es wiederholt sich so, und was ich so bedauerlich finde, ist, dass irgendjemand den Ton angibt – früher war es der Großmeister im Fernsehen, jetzt sind es andere – und dann kommt ein Wolfsrudelgeheul der Claqueure. Im Ausland ist das übrigens anders, da ist die Kritik unabhängig und sachlicher. Die angelsächsische Literaturkritik ist sich nicht zu fein, einfach mal eine Inhaltsangabe abzugeben und nicht gleich mit dem Ich-Gefühl des Kritikers zu beginnen. Sie erbringt eine Dienstleistung und fragt, ob der Autor das erreicht hat, was er erreichen wollte, und nicht, ob er das geschafft hat, was der Kritiker sich wünscht. Das ist im Grunde unerheblich.

Misstrauen in der Bevölkerung dem Parlamentarismus gegenüber, weil die Menschen das Gefühl haben, nicht die Leute, die ich wähle, bestimmen die Politik, sondern außerparlamentarische Gruppen, also ein Staat im Staate, der sich angesiedelt hat um den Bundestag herum und den man verallgemeinernd den Lobbyismus nennt.

Es gibt viele Stimmen, die der gedruckten Zeitung mittelfristig das Aus vorhersagen, vor allem wegen der zunehmenden Konkurrenz aus dem Internet. Wie können Zeitungen überleben?

Indem sie das leisten, was das Internet nicht leistet. Zum Beispiel diese gut recherchierten Berichte, das kostet natürlich Geld. Das setzt voraus, dass der Journalist eben nicht von der Hand in den Mund lebt, von der jeweiligen Tagesaktualität, sondern Vorgängen nachgeht, die sonst in Vergessenheit geraten. Wir leben in einer sehr schnelllebigen Zeit, der kleinere oder größere Skandal von heute ist in 14 Tagen oder in einer Woche von einem anderen Skandal verdrängt, das Vergessen setzt ein, und damit ist es aus der Berichterstattung draußen, das ist nicht mehr in. Und diese Nachhaltigkeit, um das Modewort zu benutzen, fehlt im Journalismus.

Fehlt dem Journalismus auch die Unabhängigkeit?

Zumindest sehe ich mit Unbehagen, wenn Chefredakteure auch die wirtschaftliche Verantwortung für eine Zeitung haben. Journalisten müssen sich auch in Zeiten starker Anzeigenrückgänge frei von Interessen der Interessenten machen, sonst haben sie gleich verloren.

Das Gespräch
führte Kai Schlüter, Redakteur bei Radio Bremen.

GESELLSCHAFT

Foto: Habermann

Die Gier nach der Opfergeschichte bezwingen

Die Redaktion muss nicht alles schreiben, was sie weiß, nicht alles zeigen, was sie hat: Opfer sollen nicht ein zweites Mal zu Opfern werden. Nach dem Amoklauf von Winnenden hat sich die Lokalzeitung an diesem hohen Anspruch orientiert. Die Redaktion hat damit Maßstäbe gesetzt. Frank Nipkau fordert Regeln, die über die allgemeinen Grundsätze des Presserats hinausreichen.

Frank Nipkau ist Redaktionsleiter des Zeitungsverlages Waiblingen, der auch die „Winnender Zeitung" herausgibt.

Zwei Stunden nachdem Eltern aus Leutenbach (bei Winnenden) die Nachricht vom Tod ihrer Tochter erhalten haben, steht der erste Reporter vor der Tür, stellt sich nicht vor, kondoliert nicht, sondern fragt nur: „Besitzen Sie Bilder von Ihrer Tochter? Hatte Ihre Tochter einen Freund?" Und es bleibt nicht bei einem Besucher. Nach einer Katastrophe wie dem Amoklauf von Winnenden am 11. März 2009 mit 16 Toten sind innerhalb kürzester Zeit unzählige Journalisten aus der ganzen Welt vor Ort. Und viele von ihnen wollen nur das eine: Opfergeschichten. Tagelang klingelt es deshalb weiter an der Haustür oder am Telefon der Eltern. Die Gier nach der Opfergeschichte ist vielen Journalisten wichtiger als der Respekt vor der Trauer einer Familie, die ihr Kind verloren hat und die in dieser Situation keine Interviews geben will. Winnenden steht auch als Synonym für einen Amoklauf der Medien und das

Versagen vieler Journalisten beim Opferschutz.

Die Polizei in Winnenden hat in den ersten Tagen nach dem Amoklauf mit einer Streife die Häuser von Opferfamilien vor zudringlichen Medienvertretern schützen müssen. Die tagelange Belagerung durch Journalisten an der Albertville-Realschule, dem Ort, an dem Menschen trauern wollten, in der Winnender Innenstadt oder am Wohnort des Attentäters wurde von vielen Menschen als belastend und respektlos empfunden. Die Stimmung vor Ort dokumentierte die Titelseite der „Winnender Zeitung" vom 14. März 2009 mit der Zeile: „Lasst uns in Ruhe trauern".

Drei Tage nach dem Amoklauf war die erste Beerdigung in Winnenden und dabei wurde der Wunsch, in Ruhe trauern zu

Die Reaktion von vielen Medien auf Katastrophen ist ritualisiert und unreflektiert: Neben der Opfergeschichte gibt es die Opfergalerien. Nach dem Amoklauf in Winnenden sind in vielen Zeitungen und Magazinen Bilder von getöteten Schülern erschienen, in den meisten Fällen gegen den Willen der Eltern. Selbst eine Nachrichtenagentur hat solche Bilder verkauft. Und diese Fotos stammten oft aus trüben Quellen. Eine davon war der Schulfotograf der Albertville-Realschule, der nach Erkenntnissen der Staatsanwaltschaft Bilder aus seinem Fundus über einen Rechtsanwalt verkauft hatte. Doch Fotos von minderjährigen Schülern sind keine freie Handelsware, über die bedenkenlos verfügt werden kann. „Über die Tat lässt sich auch berichten, ohne dass die Fotos ver-

„Fotos wurden nicht verhindert, auch deutsche Nachrichtenagenturen haben sie verbreitet."

können, dreist missachtet. Das NDR-Medienmagazin „Zapp" hat dies öffentlich dokumentiert. Es galt ein Fotografierverbot rund um den Winnender Stadtfriedhof. Außerhalb der Bannmeile hatten sich aber Fotografen auf ihren Autos postiert, in Apartments eingemietet oder gegen Bezahlung Balkone benutzt, um Bilder von der Beerdigung zu machen.

Vor den Beerdigungen im Nachbarort Leutenbach hat die Gemeinde Anwohner des Friedhofes angesprochen, um zu verhindern, dass Balkone an Fotografen vermietet werden. In fast allen Gemeinden wurden vor weiteren Beerdigungen von Opfern des Amoklaufes sogenannte Allgemeinverfügungen gegen die Berichterstattung in Wort und Bild erlassen – zum Schutz der Trauernden. Fotos wurden damit trotzdem nicht verhindert, auch deutsche Nachrichtenagenturen haben sie verbreitet.

öffentlicht werden, wobei diese Aufnahmen für Schulfotografien in keinem wie auch immer gearteten Zusammenhang mit der Tat stehen", sagt der Stuttgarter Medienrechtler Dr. Harro Wilde. Der Jurist sieht „ein sehr starkes Interesse der Angehörigen, dass ihr ermordetes Familienmitglied durch eine Veröffentlichung nicht der Öffentlichkeit preisgegeben wird".

Denn nach Paragraf 22 Kunst-Urheber-Gesetz (KuG) ist die Veröffentlichung eines Bildes nur mit Zustimmung des Abgebildeten zulässig, für die Dauer von zehn Jahren nach dem Tod des Abgebildeten bedarf es der Zustimmung seiner Angehörigen. Von dieser Regel gibt es nur eine Ausnahme – wenn es sich um Personen der Zeitgeschichte handelt (Paragraf 23 KuG). Aber auch bei Personen der Zeitgeschichte muss nach Paragraf 23 Abs. 2 KuG abgewogen werden, ob nicht ein überwiegendes Interesse des Abgebildeten der Veröffentlichung entgegensteht. Es gibt aber immer noch Redaktionen und Juristen, die damit argumentieren, dass die Opfer von Verbrechen zu relativen Personen der Zeitgeschichte werden. Und nicht zu vergessen: Bei den meisten Opfern des Amoklaufes von Winnenden handelt es sich um 15, 16 und 17 Jahre alte Schüler.

DER SCHULFOTOGRAF und seine Helfer haben einen Strafbefehl erhalten, der aber noch nicht rechtskräftig ist. Doch der Deutsche Presserat hat Opfergalerien inzwischen abgenickt und damit einen Freibrief für zukünftigen Bilderklau erteilt. So heißt es in einer Entscheidung: „Generell stellt der Presserat fest, dass das Mediennutzungsverhalten der Gesellschaft sich durch das Internet sehr gewandelt hat. Visualisierung ist wichtiger geworden, der Umgang der Menschen mit eigenen Daten wie Fotos etc. hat sich stark verändert. Dies hat auch Folgen für die Art der Berichterstattung und die Spruchpraxis des Presserats." Mit dieser Erklärung in der Hand kann künftig jeder Reporter an der Haustür einer Opfer-Familie klingeln.

Winnenden steht ebenfalls für das Bedrängen schwer traumatisierter Menschen, darunter viele Minderjährige. Dies hielt viele Reporter aber nicht von ihrer Jagd nach O-Tönen ab. Eine typische Fernsehfrage lautete: „Wie hast du dich gefühlt, als im Klassenraum deine Mitschüler erschossen wurden?" Dabei wurde mit Geldbeträgen nachgeholfen, niedrige zwei- bis dreistellige Summen, berichten viele Winnender. Den höchsten Betrag mit 8.000 Euro bot nach Polizeiangaben ein chinesischer Fernsehsender einem verletzten Schüler, der im Krankenbett seine Wunde zeigen und seine Geschichte erzählen sollte. Der Junge hat das Angebot abgelehnt.

DIE WICHTIGSTE AUFGABE einer Zeitung nach einer Katastrophe wie in Winnenden ist verlässliche Information. Dazu gehört auch, dass sich eine Redaktion Zeit für Recherche nimmt, alle Aussagen auf den Prüfstand stellt und mehr bietet als Fragen nach Gefühlen. Als seriöse Lokalzeitung darf man sich nicht den Takt der Berichterstattung von vermeintlichen Exklusiv-Geschichten von „Spiegel" oder „Bild" vorgeben lassen. Eine korrekte Geschichte, die Zusammenhänge aufzeigt, auch wenn sie sehr spät kommt, ist wichtiger als eine schnelle vermeintliche Exklusiv-Geschichte, die irgendein Detail aus dem Zusammenhang reißt und aufbauscht.

Unsere Berichterstattung hat zu unserer eigenen Überraschung bundesweit Beachtung gefunden. Das lag an den emotionalen Titelbildern in der ersten Woche nach dem Amoklauf und an unserer redaktionellen Linie: Wir müssen nicht alles wissen, wir müssen nicht alles schreiben und wir müssen nicht alles zeigen – und können trotzdem eine gute Zeitung machen. Wir wollen nicht, dass die Opfer ein zweites Mal zum Opfer werden – diesmal durch die Berichterstattung der Medien.

WIR BERICHTEN ALSO nicht über Beerdigungen. Wir zeigen keine Opfer-Fotos. Wir sprechen von uns aus keine Opfer-Familien an. Wir haben Respekt vor den Menschen, die trauern. Denn wir wollen aufklären und nicht mit schaurigen Geschichten unterhalten. „Über was haben Sie dann berichtet?", hat mich eine Kollegin einmal etwas entgeistert gefragt. Die Antwort: Die „Winnender Zeitung" hat im März 2009 insgesamt 138 Seiten zum Thema Amoklauf und seinen Folgen veröffentlicht. Dabei ging es um das Täterprofil, die Frage nach der Verantwortung für die Tat, die Hilfsangebote für die Menschen in der Region oder um die Konsequenzen für unsere Gesellschaft, etwa beim Waffenrecht und beim Umgang mit Killerspielen.

„Das ist mutig, was Sie gemacht haben", hat mir ein anderer Kollege einmal gesagt. Doch das stimmt nicht. Die Redaktion musste gar nicht mutig sein, denn sie wurde von unseren Lesern unterstützt, die einverstanden waren mit

GESELLSCHAFT

der redaktionellen Linie. Am zweiten Tag nach dem Amoklauf haben wir die Grundsätze unserer Berichterstattung in der „Winnender Zeitung" veröffentlicht. Von den Menschen in der Region kam nur Lob. Und niemand hat uns dafür kritisiert, dass wir nicht lang und breit über alle blutigen Abläufe beim Amoklauf berichtet haben.

WIR HABEN UNS AM 11. MÄRZ erst spätabends dafür entschieden, als alle Seiten fast fertig an der Redaktionswand hingen, Fotos vom Attentäter zu veröffentlichen. Das fast noch kindliche Gesicht steht in einem krassen Gegensatz zur Tat. Das eigentlich Monströse dieses Amoklaufes ist doch: Dies kann überall und zu jeder Zeit passieren. Und es braucht dazu nicht einmal ein klar erkennbares Motiv.

Inzwischen bin ich anderer Meinung beim Thema Attentäter-Foto. Der große Medienrummel um die Person des Attentäters (Beispiele sind ein Titelfoto des „Spiegels", eine „Hall of Fame" im Dossier der „Zeit" oder die derzeit acht Millionen Einträge bei Google zu seinem Namen) ist ein Anreiz zur Nachahmung. Das sagen fast alle Psychologen, die sich damit beschäftigen. Deshalb sollten wir keine Bilder von Attentätern mehr veröffentlichen, möglichst den Namen nicht nennen und den Amoklauf als feige Tat brandmarken. So eine Forderung ist im Redaktionsalltag umsetzbar. Eine SWR-Dokumentation des Journalisten Stefan Maier, die zum Jahrestag des Amoklaufes in der ARD zu sehen war, ist ohne Bilder des Amokläufers ausgekommen. Auch in diesem Beitrag wird sein Name nicht genannt.

ANBIETEN, DAS INTERVIEW

Die Medien haben einen Informationsauftrag. Wie können sie behutsam über schockierende Ereignisse wie einen Amoklauf, aber auch einen Unfall oder Brand und die damit verbundene Trauer berichten?
    Brigitte Dennemarck-Jäger: Journalisten haben die Pflicht und das Recht zu berichten und auch die Perspektive von Opfern wiederzugeben. Aber die meisten Journalisten sind für solche Situationen nicht geschult und sind selbst verunsichert und überfordert.

Wenn nun ein Journalist den Auftrag bekommt, die Opferperspektive darzustellen beziehungsweise mit Angehörigen zu sprechen. Was raten Sie ihm?
    Zuallererst ist es wichtig, nicht aufdringlich zu sein, sich normal vorzustellen, den Namen der Zeitung zu nennen und zu erklären, worum es in dem Interview gehen soll. Wenn der Betroffene dann ablehnt, ist es wichtig, ein Nein zu akzeptieren und niemanden zu bedrängen. Dann ist es sinnvoll, den Interviewpartner nach Möglichkeit in einen geschützten Raum zu bringen und somit raus aus dem direkten Bereich des Ereignisses. Wenn möglich, sollte der Interviewpartner entscheiden können, wo das Gespräch stattfindet. Schließlich hilft es, eine klare Struktur zu schaffen.

Was meinen Sie damit?
    Man kann zum Beispiel vorher vereinbaren, das Interview bei einem Handzeichen abzubrechen, wenn es dem Betroffenen zu viel wird. Dann sollte man sich ständig im Klaren sein, dass sich der Mensch, mit dem man gerade spricht, in einer absoluten Ausnahmesituation befindet, dass das Hirn nicht normal arbeitet und mit Stresshormonen geflutet ist. Darum sollte man auch keine Fragen stellen wie „Wie haben Sie sich gefühlt …?". Das versetzt den Betroffenen in die Situation zurück und führt ihm seine Ohnmacht erneut vor Augen. Besser sind eher unpersönliche Fragen wie „Was ist passiert?". Außerdem kann es helfen, den Interviewpartner aus der passiven Opferrolle zu holen und anzubieten, dass er mit entscheiden kann, ob die Antwort auf eine Frage in den Text kommt oder nicht.

Sollte ein Journalist sein Mitgefühl zeigen?
    Sicher. Aber es sollten Floskeln vermieden werden. Sätze wie „Das wird schon wieder" oder „Ich kann mir vorstellen, wie Sie sich fühlen" spiegeln eher eine eigene Ohnmacht wider, mit der Situation umzugehen. Eine Berührung etwa kann helfen. Aber nur, wenn es in der Situation passt, also wenn zum Beispiel ein Zeuge nach einem schrecklichen Unfall

Wir brauchen Regeln für die Berichterstattung, die über die allgemeinen Grundsätze des Pressekodexes hinausgehen. Dies ist erstmals zum ersten Jahrestag des Amoklaufes versucht worden. Jeder Journalist, der sich für die Berichterstattung akkreditiert hatte, erhielt eine sogenannte „Stellungnahme der Psychologischen Nachsorge". Die Psychologische Nachsorge betreut im Auftrag der Unfallkassen in Baden-Württemberg traumatisierte Schüler, Eltern und Helfer. „Fotos, Berichte und Informationen zu Ereignissen wecken bei allen Menschen Erinnerungen an die Vergangenheit, auch an belastende und schmerzliche Erfahrungen", heißt es in dem Papier. „Unser Ziel ist es, den Betroffenen und ihren Angehörigen den Schutzraum zu gewähren, den sie benötigen, um den Genesungsprozess fortsetzen zu können. Der Respekt vor der Würde des Menschen erfordert, die Betroffenen nicht erneut durch Bedrängnis von außen mit der belastenden Situation zu konfrontieren. Wir möchten, dass die Menschen in Winnenden in Ruhe trauern können."

Dann folgen in dieser Erklärung acht Regeln für die Berichterstattung – in der Form von Bitten:

1. Halten Sie bitte Abstand zu Menschen, die trauern.
2. Zeigen Sie bitte Respekt und bedrängen Sie die trauernden Menschen nicht.
3. Akzeptieren Sie bitte ein ‚Nein'; akzeptieren Sie Ruhe- und Rückzugsbedürfnisse.
4. Achten Sie bitte die Privatsphäre der Betroffenen und der Anwoh-

ABZUBRECHEN

stark zittert, kann man ihm eventuell beruhigend die Hand auf die Schulter legen. Man muss sich ins Bewusstsein rufen, dass man als Mensch unterwegs ist, und sich fragen, wie man selbst reagieren würde, was man selbst wollen würde.

Was ist, wenn jemand weint?

In so einem Fall nicht fragen, wie es ihm gerade geht. Möglich wäre etwa, ein Glas Wasser anzubieten. Man sollte immer daran denken, dass man auch Verantwortung trägt. Darum: anbieten, das Interview abzubrechen und eine Vertrauensperson zu rufen. Für Bilder ist wichtig, dass keine weinenden Menschen gezeigt werden. Es kann Traumasymptome reaktivieren, sich selbst am nächsten Tag in einem sehr intimen und schutzlosen Moment in der Zeitung oder im Fernsehen zu sehen.

Wie sollten Zeitungen das Geschehen wiedergeben?

Für die Opfer ist es schlimm, wenn sie sich falsch dargestellt fühlen. Das passiert schnell, weil es unterschiedlich ist, was subjektiv als wichtig wahrgenommen wird. So gewichtet der Journalist das Erzählte trotz bester Absichten oft anders als Betroffene selbst – die sich in der Stresssituation zudem oft nicht klar und strukturiert äußern kön-

BRIGITTE DENNEMARCK-JÄGER ist Diplom-Psychologin und arbeitet als Therapeutin am Deutschen Institut für Psychotraumatologie und war zuvor Journalistin.

nen. So kann es sinnvoll sein, den Text gegenlesen zu lassen oder die Interviewpartner wie schon erwähnt aktiv in den Entstehungsprozess des Textes einzubeziehen. Auf Opferfotos sollte ganz verzichtet werden.

Katrin Matthes

GESELLSCHAFT

ner. Belagern Sie keine Häuser und Schulen.

5. Bitte rufen Sie nicht ohne Erlaubnis Betroffene einfach zu Hause an.

6. Fotografieren und filmen Sie bitte nicht die Gesichter von Menschen, die weinen.

7. Befragen Sie bitte keine Minderjährigen.

8. Fragen Sie bitte nicht nach dem persönlichen Erleben vor einem Jahr, weil dadurch die traumatischen Erfahrungen wiederbelebt werden. Außerdem kann dadurch der therapeutische Prozess bei den Betroffenen wieder zurückgeworfen werden."

Diese Regeln sind bei der Berichterstattung über den ersten Jahrestag weitgehend beachtet worden und haben der Qualität von Filmbeiträgen oder Artikeln stattung für den 11. September 2009 (ein halbes Jahr nach dem Amoklauf) und für den Jahrestag am 11. März 2010 vorzubereiten.

Wir haben uns dafür entschieden, ein Jahr nach dem Amoklauf Geschichten über die 15 Menschen zu schreiben, die getötet wurden. Doch aus dem Workshop heraus haben wir uns dazu Regeln gegeben:

- Die Biografien erscheinen nur, wenn die Angehörigen zustimmen.
- Es gibt in der Regel nur eine indirekte Kontaktaufnahme mit den Angehörigen.
- Jedes Nein wird akzeptiert, niemand wird überredet.
- Alle Texte und Fotos werden mit den Angehörigen abgestimmt. Nichts erscheint gegen den Willen der Familien.

„Elf Familien haben sich beteiligt, ein Vater hat selbst einen bewegenden Text geschrieben."

nicht geschadet. Journalisten lernen, wie sie Interviews führen, Artikel schreiben oder Fakten recherchieren. Der Umgang mit trauernden und traumatisierten Menschen ist bis heute kein oder nur ein Randthema in der Journalistenausbildung. Dabei gehört der Umgang mit Tod und Trauer zum Alltag der Redaktionsarbeit – auch im Lokalteil: etwa bei der Berichterstattung über Verkehrsunfälle oder Straftaten. In den USA gibt es seit einigen Jahren das Dart-Center for Journalism and Trauma, das sich mit diesem Thema beschäftigt, Ratschläge ausgearbeitet hat für den Umgang der Journalisten mit sich selbst und für die Begegnung mit Opfern von Gewalt- und Straftaten. Das Dart-Center ist inzwischen auch in Deutschland aktiv. Die Redaktion des Zeitungsverlages Waiblingen hat mit dem Dart-Center einen Workshop veranstaltet, um die Berichter-

- Die Geschichten erscheinen nur in der Zeitung, nicht im Internet und nicht im E-Paper.
- Die Biografien erscheinen in der Mitte eines Buches und werden auf der Titelseite angekündigt, damit Menschen, die dies nicht lesen wollen oder können, nicht unvermittelt auf diese Geschichten stoßen.
- In der Zeitung wird erklärt, wie die Texte entstanden sind.

Elf Familien haben sich beteiligt, ein Vater hat selbst einen bewegenden Text geschrieben. Dies ist nur ein Beispiel, wie Opferschutz und Journalismus zusammenkommen können. Nach Katastrophen wie in Winnenden braucht es zweierlei: verlässliche Information sowie Journalisten, die Respekt vor Trauernden haben und dabei Routine und Rituale der Branche durchbrechen. Denn Opferschutz und Aufklärung gehören zusammen.

Hier erfahren Sie mehr – www.porsche.de oder Telefon 01805 356 - 911, Fax - 912 (EUR 0,14/min).

**Nur die wenigsten Geschichten
erzählen sich ohne Worte.**

GESELLSCHAFT

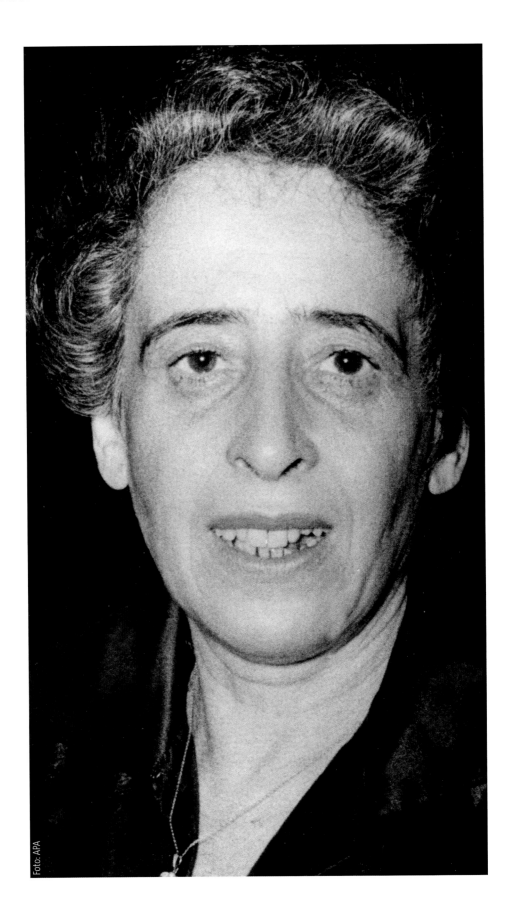

50 Jahre danach: Eichmann in Jerusalem

11. April 1961: Adolf Eichmann steht in Jerusalem vor Gericht. Der SS-Obersturmbannführer, verantwortlich für die Judentransporte in die Vernichtungslager, wird zum Tode verurteilt. Hannah Arendt verfolgt den Prozess und schreibt eine fünfteilige Serie für den „New Yorker". Die Texte bilden die Grundlagen für ihr späteres Buch „Eichmann in Jerusalem. Ein Bericht von der Banalität des Bösen".

Hannah Arendt (1906-1975), in Hannover geborene Jüdin, emigriert 1933 erst nach Frankreich, dann in die USA. Die Professorin für Politik widmet ihr Forscherleben den Elementen und Ursachen totalitärer Herrschaft.

In 15 Punkten erhob der Staatsanwalt Anklage gegen Otto Adolf Eichmann, Sohn des Karl Adolf Eichmann und seiner Frau Maria geb. Schefferling, der am Abend des 11. Mai 1960 in einer Vorstadt von Buenos Aires gefangen und neun Tage später im Flugzeug nach Israel gebracht worden war, um am 11. April 1961 vor das Bezirksgericht von Jerusalem gestellt zu werden. „Zusammen mit anderen" hatte er während des Naziregimes, besonders aber während des Zweiten Weltkriegs, Verbrechen gegen das jüdische Volk, Verbrechen gegen die Menschheit und Kriegsverbrechen begangen. Die Anklage berief sich auf das Gesetz zur Bestrafung von Nazis und ihrer Helfershelfer von 1950, in dem vorgesehen ist, dass, wer „eine dieser strafbaren Handlungen begangen hat, mit dem Tode bestraft wird". Auf jeden Punkt der Anklage antwortete Eichmann: „Im Sinne der Anklage nicht schuldig."

In welchem Sinne meinte er denn, schuldig zu sein? In dem langen Kreuzverhör des Angeklagten – er nannte es

„das längste Kreuzverhör, das überhaupt bekannt ist" – kam es weder dem Verteidiger noch dem Ankläger noch schließlich einem der drei Richter in den Sinn, ihn danach zu fragen. Die stereotype Antwort auf diese Frage wurde außerhalb des Gerichtssaals der Presse erteilt durch Dr. Robert Servatius aus Köln, den Eichmann mit seiner Verteidigung betraut hatte und den die israelische Regierung bezahlte (dem Präzedenzfall der Nürnberger Prozesse folgend, in denen die Siegermächte die Anwälte der Verteidigung bezahlten): „Eichmann fühlte sich schuldig vor Gott, nicht vor dem Gesetz." Aber der Angeklagte selbst bestätigte diese Antwort nicht. Der Verteidigung wäre es anscheinend lieber gewesen, wenn sich Eichmann bei seiner Erklärung, er sei nicht schuldig, darauf

„Möglichkeiten und Grenzen für die Bewältigung historischer und politischer Schuld in Strafprozessen") ging Servatius einen Schritt weiter; er erklärte, „das einzige legitime Strafprozessual des Eichmann-Prozesses sei die bislang unterbliebene Aburteilung seiner Entführer", eine Stellungnahme, die übrigens schwer in Einklang zu bringen ist mit seinen wiederholten und weit publizierten Äußerungen in Israel, in denen er die Prozessführung „eine großartige geistige Leistung" nannte, die sich vorteilhaft von den Nürnberger Prozessen unterscheide.

Eichmanns eigene Haltung war anders. Vor allem sei die Anklage wegen Mordes falsch: „Ich hatte mit der Tötung der Juden nichts zu tun. Ich habe niemals einen Juden getötet, aber ich habe

„Galgen oder Orden, das ist die Frage."

berufen hätte, dass er nach den seinerzeit gültigen Nazigesetzen nichts Strafbares getan hätte, dass die inkriminierten Handlungen nicht Verbrechen gewesen seien, sondern „Staatshandlungen, über die keinem anderen Staat Gerichtsbarkeit zusteht" (par in parem imperium non habet), dass es seine Pflicht gewesen sei, zu gehorchen, und dass er, wie Dr. Servatius es in seinem Plädoyer zur Schuldfrage ausdrückte, getan habe, was seinerzeit als Tugend, doch nun „dem Sieger als Verbrechen" galt: „Galgen oder Orden, das ist die Frage." (In diesem Sinne hatte bereits Goebbels im Jahre 1943 erklärt: „Wir werden als die größten Staatsmänner aller Zeiten in die Geschichte eingehen oder als ihre größten Verbrecher.") Außerhalb Israels (auf einer Konferenz der Katholischen Akademie in Bayern über das, laut „Rheinischem Merkur", „heikle Thema" der

auch keinen Nichtjuden getötet – ich habe überhaupt keinen Menschen getötet. Ich habe auch nie einen Befehl zum Töten eines Juden gegeben, auch – keinen Befehl zum Töten eines Nichtjuden ... Habe ich nicht getan." Später kam er darauf noch einmal zurück: Es habe sich eben so ergeben, dass er es niemals tun musste, denn er ließ keinen Zweifel daran aufkommen, dass er seinen eigenen Vater getötet hätte, wenn es ihm befohlen worden wäre. In endlosen Wiederholungen erklärte er, was man bereits aus den sogenannten Sassen-Dokumenten wusste – dem Interview, das er 1955 in Argentinien dem holländischen Journalisten und ehemaligen SS-Mann Sassen gegeben hatte und das nach Eichmanns Gefangennahme auszugsweise in „Life" und im „Stern" veröffentlicht wurde: Man könne ihn nur anklagen der „Beihilfe" zur Vernichtung der Juden, die er in

Jerusalem „eines der kapitalsten Verbrechen innerhalb der Menschheitsgeschichte" nannte. Die Verteidigung kümmerte sich nicht weiter um Eichmanns Theorien, aber die Anklage verschwendete viel Zeit an einen erfolglosen Versuch, Eichmann zu überführen, wenigstens einmal mit eigenen Händen getötet zu haben. (Warum dem Staatsanwalt so viel daran lag, diesen Mord zu beweisen, blieb unklar. Es handelte sich um einen jüdischen Jungen in Ungarn, der im Garten bei einem Obstdiebstahl erwischt worden war. Hausner, von Harry Mulisch, dem Verfasser von „Strafsache 40/61", befragt, „was an dieser Geschichte wahr sei", erwiderte, „er werde sie ‚mit Gottes Hilfe' beweisen"; wäre es ihm gelungen, so hätte er Eichmann eines Verbrechens überführt, auf das in Israel nicht die Todesstrafe steht, denn er hätte ja kaum nachweisen können, dass dieser Mord mit der Absicht begangen wurde, das jüdische Volk auszurotten.) Vermutlich wollte der Staatsanwalt zeigen, dass Eichmann auch ohne Befehl mordete – dass er auf Befehl gemordet hätte, hatte er ja selbst zugegeben – und dass es ihm daher zuzutrauen war, Mordbefehle auf eigene Faust zu erteilen. Und mit dem Nachweis eines solchen Mordbefehls hatte die Anklage mehr Erfolg. Es handelte sich um eine Notiz, die Franz Rademacher, Judenreferent im Auswärtigen Amt, während eines Telefongesprächs über Judenaktionen in Jugoslawien auf den Rand eines Telegramms gekritzelt hatte: „Eichmann schlägt Erschießen vor." Es stellte sich heraus, dass dies der einzige „Mordbefehl" war, für den man wenigstens die Spur eines Beweises hatte.

ABER DER BEWEIS war weniger stichhaltig, als es während des Prozesses aussah. Die Richter schlossen sich der Version des Anklägers an, trotz Eichmanns kategorischem Leugnen, das nicht gerade überzeugend wirkte, da er, wie Servatius es formulierte, den „kurzen Vorfall [nur 8.000 Menschen]" ganz vergessen hatte. Der Vorfall ereignete sich im Herbst 1941, sechs Monate nachdem die Wehrmacht den serbischen Teil Jugoslawiens besetzt und sich nun dauernd mit Partisanenkämpfen herumzuschlagen hatte. In diesem Fall waren es die Militärs, die zwei Fliegen mit einer Klappe zu schlagen beschlossen durch die Erschießung von 100 jüdischen und Zigeuner-Geiseln für jeden getöteten deutschen Soldaten. Zwar wusste jedermann, dass weder die Juden noch die Zigeuner Partisanen waren, aber – so meinte der zuständige Zivilbeamte bei der Militärverwaltung, ein Staatsrat Harald Turner – „die Juden haben wir sowieso in den Lagern; schließlich sind sie auch serbische Staatsangehörige, und verschwinden müssen sie sowieso" (siehe Raul Hilberg, „The Destruction of the European Jews", 1961). General Franz Böhme, der Wehrmachtskommandant des Gebietes, hatte diese Lager eingerichtet, in denen aber nur männliche Juden interniert waren. Weder General Böhme noch Staatsrat Turner brauchten Eichmanns Zustimmung, um Juden und Zigeuner zu Tausenden erschießen zu lassen. Schwierigkeiten mit Eichmann entstanden erst, als Böhme ohne Hinzuziehung der in Serbien stationierten Polizei und SS-Dienststellen beschloss, alle seine Juden künftig zu deportieren, vermutlich um zu zeigen, dass man nicht auf Sonderkommandos angewiesen war, um Serbien „judenrein" zu machen. Eichmann, den man informierte, da es sich um eine Deportationsangelegenheit handelte, verweigerte seine Zustimmung, da diese Aktion mit anderen Plänen kollidiert hätte; aber nicht Eichmann, sondern Martin Luther vom Auswärtigen Amt erinnerte General Böhme daran: „In anderen Gebieten [das heißt in Russland] haben andere Wehrmachtskommandeure sich mit wesentlich größeren Zahlen von Juden befasst, ohne dies überhaupt zu erwähnen." Wenn also Eichmann tatsächlich „Erschießen" vorschlug, dann hieß das lediglich, dass die Militärs weiterhin tun sollten, was sie ohnedies längst taten, und dass sie selbst für das Erschießen, aber nicht für Deportationen von Geiseln

GESELLSCHAFT

zuständig waren. Um eine Angelegenheit des Reichssicherheitshauptamts konnte es sich schon darum nicht handeln, weil nur Männer betroffen waren. Die „Endlösung" wurde in Serbien sechs Monate später in Angriff genommen, als man Frauen und Kinder zusammenholte und in fahrbaren Gaskammern umbrachte. Im Kreuzverhör wählte Eichmann wie üblich die komplizierteste und unwahrscheinlichste Erklärung: Rademacher habe die Unterstützung des Reichssicherheitshauptamts, also von Eichmanns Dienststelle, gebraucht, um sich in dieser Angelegenheit innerhalb des Auswärtigen Amts durchzusetzen, deshalb hätte er das Dokument gefälscht. (Rademacher selbst hatte diesen Vorfall 1952 in seinem eigenen Prozess vor einem westdeutschen Gericht erheblich plausibler dargestellt: „Die Wehrmacht war für Ruhe und Ordnung in Serbien verantwortlich und musste rebellierende Juden erschießen." Das klang zwar einleuchtend, war aber gelogen, denn wir wissen – aus Naziquellen –, dass die Juden nicht „rebellierten".) All dies hätte in einem normalen Prozess kaum gerechtfertigt, eine Bemerkung am Telefon als Befehl zu interpretieren, zumal diese Konstruktion implizierte, dass Eichmann in der Lage war, Generälen der Wehrmacht Befehle zu erteilen.

Ob er sich schuldig bekannt hätte, wenn er der Beihilfe zum Mord angeklagt worden wäre? Vielleicht, doch hätte er wesentliche Einschränkungen gemacht. Was er getan hatte, war nur im Nachhinein ein Verbrechen; er war immer ein gesetzestreuer Bürger gewesen, Hitlers Befehle, die er nach bestem Vermögen befolgt hatte, besaßen im Dritten Reich „Gesetzeskraft". (Die Verteidigung hätte zur Unterstützung von Eichmanns These jeden beliebigen Verfassungsexperten im Dritten Reich zitieren können, die alle ausführlich darüber geschrieben haben, dass der Führerbefehl das Kernstück der geltenden Rechtsordnung darstelle.) Dies wüssten die Leute, die jetzt von ihm, Eichmann, verlangten, er hätte damals anders handeln sollen, einfach nicht, oder sie hätten vergessen, wie die Dinge zu Hitlers Zeiten ausgesehen haben. Er jedenfalls wollte nicht zu denen gehören, die nachträglich versichern, „dass sie immer schon dagegen gewesen waren", wenn sie in Wirklichkeit eifrig getan hatten, was man ihnen zu tun befahl. Doch die Zeiten ändern sich; er war, wie so viele andere (einschließlich der Juristen), „zu neuen Einsichten gekom-

„Reue ist etwas für kleine Kinder."

men". Was er getan habe, habe er getan, er wolle nichts abstreiten; vielmehr sei er bereit, „als abschreckendes Beispiel für alle Antisemiten der Länder dieser Erde" sich selbst öffentlich zu erhängen. Dies aber hieße nicht, dass er etwas bereue: „Reue ist etwas für kleine Kinder." (Sic!)

Selbst unter erheblichem Druck seines Anwalts änderte er diese Haltung nicht. In einer Diskussion über Himmlers Angebot von 1944, eine Million Juden gegen 10.000 Lastwagen zu tauschen, wurde Eichmann von der Verteidigung über seine eigene Rolle in diesem Unternehmen gefragt: „Herr Zeuge, haben Sie bei den Verhandlungen mit Ihren Vorgesetzten auch darauf hingewiesen, dass Sie Mitleid mit den Juden hätten und dass man doch helfen müsse?" Eichmann antwortete: „Ich stehe unter Eid und habe wahrheitsgemäß auszusagen. Ich habe nicht diese Sache aus Mitleid gemacht ..." –

was der Wahrheit entsprochen hätte, wenn Eichmann überhaupt etwas „gemacht" hätte. Aber was er dann sagte, stimmte: „Meine Gründe habe ich eingangs bereits geschildert", und sie waren die folgenden: Himmler habe einen seiner eigenen Leute nach Budapest geschickt, um Angelegenheiten jüdischer Auswanderung zu bearbeiten. (Denn Emigration war zur Zeit der Deportationen ein blühendes Geschäft geworden: Für enorme Summen konnten Juden mitunter ihren Weg nach draußen erkaufen. Aber das erwähnte Eichmann nicht.) Er, Eichmann, habe sich natürlich geärgert, dass hier Emigrationsangelegenheiten von einer „polizeifernen Person" behandelt wurden, während er, der dies als „seine Domäne" betrachtete, die „elende Arbeit" der Deportationen durchführen musste. Da habe er zu „brüten" begonnen und zu überlegen, wie er „die Auswanderungsangelegenheit wieder an sich reißen" könne.

DEN GANZEN PROZESS HINDURCH
suchte Eichmann – meist ohne Erfolg – zu erklären, in welchem Sinne er schuldig sei, wenn er im Sinne der Anklage nicht schuldig war. Die Anklage unterstellte nicht nur, dass es sich um „vorsätzliche" Verbrechen handelte – dies bestritt er nicht –, sondern auch, dass er aus niedrigen Motiven und in voller Kenntnis der verbrecherischen Natur seiner Taten gehandelt habe. Beides leugnete er auf das Entschiedenste. Was die niedrigen Motive betraf, so war er sich ganz sicher, dass er nicht „seinem inneren Schweinehunde" gefolgt war; und er besann sich ganz genau darauf, dass ihm nur eins ein schlechtes Gewissen bereitet hätte: wenn er den Befehlen nicht nachgekommen wäre und Millionen von Männern, Frauen und Kindern nicht mit unermüdlichem Eifer und peinlichster Sorgfalt in den Tod transportiert hätte. Mit diesen Versicherungen sich abzufinden, war nicht ganz einfach. Immerhin war ein halbes Dutzend Psychiater zu dem Ergebnis gekommen, er sei „normal" – „normaler jedenfalls, als ich es bin, nachdem ich ihn untersucht habe", soll einer von ihnen gesagt haben; ein anderer fand, dass Eichmanns ganzer psychologischer Habitus, seine Einstellung zu Frau und Kindern, Mutter und Vater, zu Geschwistern und Freunden, „nicht nur normal, sondern höchst vorbildlich" sei. (Hausners spätere Eröffnung in einer Artikelserie in der „Saturday Evening Post" über Dinge, die er „im Prozess nicht vorbringen konnte", widersprach der Auskunft, die man inoffiziell in Jerusalem bekommen hatte. Die Psychiater, so hieß es auf einmal, hätten behauptet, dass Eichmann „ein Mann mit einem gefährlichen und unersättlichen Mordtrieb" gewesen sei, „eine perverse, sadistische Persönlichkeit". Sollte dies stimmen, dann hätte er ins Irrenhaus gehört.) Der Pfarrer schließlich, der Eichmann regelmäßig im Gefängnis besuchte, nachdem sein Revisionsgesuch vor dem Obersten Gericht verhandelt, aber das Urteil in zweiter Instanz noch nicht ergangen war, versicherte, Eichmann sei „ein Mann mit sehr positiven Ideen", was denn wohl auch alle Welt beruhigen dürfte. Die Komödie der Seelenexperten konnte sich leider auf die traurige Tatsache berufen, dass dies tatsächlich kein Fall von moralischer, geschweige denn von gesetzlicher Unzurechnungsfähigkeit war. Ja, es war noch nicht einmal ein Fall von wahnwitzigem Judenhass, von fanatischem Antisemitismus oder von besonderer ideologischer Verhetzung. „Persönlich" hatte er nie das Geringste gegen die Juden gehabt; im Gegenteil, er besaß gute „private Gründe", kein Judenhasser zu sein. Gewiss, unter seinen engsten Freunden waren fanatische Antisemiten, zum Beispiel László Endre, der ungarische Staatssekretär für Politische (Jüdische) Angelegenheiten, der 1946 in Budapest gehängt wurde; wenn man Eichmann glaubte, war das eben nur eine Abwandlung des bekannten Themas: „Einige meiner besten Freunde …", nur dass sie in seiner Version nicht Juden, sondern Antisemiten waren.

Doch niemand glaubte ihm. Der Ankläger glaubte ihm nicht, denn das war nicht seines Amtes. Der Verteidiger achtete gar nicht darauf, weil er – im Gegensatz zu Eichmann – an Gewissensfragen nicht interessiert war. Und die Richter glaubten ihm nicht, weil sie zu human, vielleicht auch an die Voraussetzungen ihres Berufes zu sehr gebunden waren, um zuzugeben, dass ein durchschnittlicher, „normaler" Mensch, der weder schwachsinnig noch eigentlich verhetzt noch zynisch ist, ganz außerstande sein soll, Recht von Unrecht zu scheiden. Sie zogen lieber aus gelegentlichen Lügen den Schluss, Eichmann sei ein Lügner – so entging ihnen das schwerste moralische Problem des Falles, über den sie zu Gericht saßen, ganz abgesehen davon, dass sie aus dem Dilemma, einerseits zugestehen zu müssen, dass „der Angeklagte innerhalb des NS-Regimes keine Ausnahme gewesen sei", und andererseits behaupten zu müssen, dass die verbrecherische Natur seiner Handlungen ihm wie allen „normal Empfindenden" klar gewesen sei, niemals herauskamen. Tatsache war ja, dass er „normal" und keine Ausnahme war und dass unter den Umständen des Dritten Reiches nur „Ausnahmen" sich noch so etwas wie ein „normales Empfinden" bewahrt hatten. (Für eine gute Übersicht der Rechtsfragen siehe Jürgen Baumann, „Gedanken zum Eichmann-Urteil", in der „Juristenzeitung", 1963, Nr. 4.)

Der Text von Hannah Arendt hat Eingang gefunden in den von Georg Brunold herausgegebenen Band „Nichts als die Welt. Reportagen und Augenzeugenberichte aus 2500 Jahren." Er wird hier zitiert aus dem Buch „Eichmann in Jerusalem. Ein Bericht von der Banalität des Bösen."

HESSISCHER JOURNALISTENPREIS
Verliehen von der Sparda-Bank Hessen eG

Fünf Jahre Hessischer Journalistenpreis.

Wort. Schatz. Hessen.

2006 nahm die Sparda-Bank Hessen den 60. Geburtstag des Landes zum Anlass, den Hessischen Journalistenpreis ins Leben zu rufen. Mittlerweile wird die Auszeichnung bundesweit ausgeschrieben. Zusätzlich vergab die Jury 2010 erstmals einen Preis an Fotojournalisten und ehrte ein verdientes Lebenswerk.

Das Ziel

Mit dem Preis werden Print- und Foto-Beiträge gewürdigt, die jährlich neu und in hervorragender Weise das Land Hessen zum Thema haben – beispielsweise als einzigartige Tourismusregion, als facettenreiches Kulturgut und als Lebensraum bedeutender Persönlichkeiten. Durch die prämierten Beiträge soll dokumentiert werden, wie Journalisten in einer Zeit fortschreitender Globalisierung zur Stärkung der unverwechselbaren Identität Hessens beitragen.

Die Teilnahme

An der Bewerbung um den Hessischen Journalistenpreis 2011 können bundesweit alle Print- und Fotojournalisten mit Beiträgen der Jahre 2010/2011 teilnehmen. Wettbewerbsthema und Einsendeschluss erfahren Sie im Frühjahr unter www.hessischer-journalistenpreis.de. Schauen Sie doch einfach immer mal wieder rein. Wir freuen uns über Ihr Interesse und Ihre Teilnahme.

Die Fakten im Blick:

- jährliche Preisverleihung
- Dotierung: insg. 12.000 Euro
- Kategorien: Print und Fotografie
- Sonderpreis: „Ehrenpreis für das bisherige Lebenswerk"
- unabhängige Jury: Vertreter der Wissenschaft und Medienpraxis
- Anmeldeformular, Teilnahmebedingungen und alle Infos zum Wettbewerb 2011 im Internet unter: www.hessischer-journalistenpreis.de

Ihr Kontakt zur Sparda-Bank:

- Sparda-Bank Hessen eG
  Osloer Straße 2 · 60327 Frankfurt
  Fon 0 69 / 75 37 - 368
  margot.brinkhus@sparda-hessen.de
  www.hessischer-journalistenpreis.de

Frankfurt 2010: Im Rahmen der 5. Preisverleihung wurde u. a. der ehemalige ARD-Börsenexperte Frank Lehmann für sein bisheriges Lebenswerk geehrt. (li. Bild: r.)

In Kooperation mit dem Hessischen Journalistenverband.

Der Hessische Journalistenpreis wird verliehen von der Sparda-Bank Hessen eG.

www.sparda-hessen.de

GESELLSCHAFT

50 Jahre danach: Als der Westen hinter der Mauer verschwand

13. August 1961: Bau der Mauer in Berlin. Die Grenze wird dichtgemacht in Berlin, in Deutschland, in Europa. Für die im Osten verschwand der Westen hinter einem „Eisernen Vorhang". Joachim Gauck erinnert sich.

Joachim Gauck (Jahrgang 1940) war Pfarrer in der DDR und von 1990 bis 2000 der erste Bundesbeauftragte für die Unterlagen der Staatssicherheit.

„Republikflucht" war vor 1961 ein Massenphänomen. Aus manchen Abiturklassen ging Ende der 50er-Jahre die Mehrheit der Schüler, bei vielen war die Entscheidung vorhersehbar. Zum Jurastudium beispielsweise wurden nur überzeugte Kommunisten zugelassen. Wenn jemand Apotheker oder Arzt werden wollte, selbst aber aus einer Apotheker- oder Arztfamilie stammte, hatte er kaum Chancen, zur Universität delegiert zu werden. Bevorzugt wurden Arbeiterkinder – darunter fielen allerdings auch die Kinder von Funktionären. Wer beispielsweise einen General der Volksarmee zum Vater hatte, galt ebenso als Arbeiterkind wie das Kind eines SED-Funktionärs. Hatte der Vater sich aber vom Schlosser zum Diplomingenieur hochgearbeitet, dann galt er als Intelligenzler-Kind.

Mein Klassenkamerad Frank Segelitz war der Sohn eines Privatunternehmers, denn sein Vater besaß eine Apotheke. Die Schule hat Frank noch problemlos absolviert, nicht zuletzt weil er in die FDJ eingetreten war, obwohl er eher westlich eingestellt war. Für die weitere Zukunft rechnete er sich aber kaum berufliche Chancen aus. Also ging er und wurde im

Westen Jurist. Man konnte es ihm nicht verübeln.

Aufsehen erregte allerdings der Weggang unseres Klassenlehrers, weil er Mitglied der SED war. Doch die Parteizugehörigkeit hatte offensichtlich der Tarnung gedient. Nach der Flucht wurde er als „Zentrum einer konterrevolutionären Gruppierung" unter den Lehrern ausgemacht und in der Zeitung denunziert. Unsere Goethe-Oberschule wurde mit der Großen Stadtschule zusammengelegt, und ein linientreuer SED-Pädagoge übernahm die Leitung der vergrößerten Lehranstalt. Die Verschärfung der pädagogisch-ideologischen Zucht, die daraufhin begann, traf uns glücklicherweise nicht mehr.

Die einen feierten den Bau der Mauer als Triumph: Die Massenflucht war gelobte, Eheleute, Kinder und Eltern, Brüder und Schwestern. Viele Menschen verloren ihre Existenzgrundlage. Die Berliner „Grenzgänger", die im Westen gearbeitet und im Osten gewohnt hatten, durften als unsichere Elemente fortan im Osten nicht in Schlüsselfunktionen gelangen oder in wichtigen Betriebsanlagen arbeiten. Lehrer, die auf Westschulen unterrichtet hatten, erhielten im Osten lebenslanges Berufsverbot. Studenten, die in West-Berlin studiert hatten, wurden in die Produktion geschickt. Schüler, die im Westen zur Schule gegangen waren, durften die Ausbildung nicht beenden und mussten eine Lehre beginnen.

Unser Staat war seit 1961 wie eine Burg, deren Burgherr sich das Recht genommen hatte, über Zugang, Abgang und über den Gang des Lebens im Innern zu entschei-

„Unser Staat war seit 1961 wie eine Burg, deren Burgherr sich das Recht genommen hatte, über Zugang, Abgang und über den Gang des Lebens im Innern zu entscheiden."

stoppt. Die DDR würde nicht weiter ausbluten, sondern eine Chance erhalten, ohne permanente „Abwerbung" ihr eigenes Gesellschaftssystem zu errichten. Andere, die meisten, waren bestürzt, erschrocken und wütend über die Anmaßung der herrschenden Clique, die ein ganzes Staatsvolk kurzerhand zu Leibeigenen erklärte.

Die Parteiführung riss die Familien auseinander, unterband die Reisefreiheit und jeglichen Austausch und war auch noch so töricht, die Mauer zum „antifaschistischen Schutzwall" zu erklären. Dabei war selbst den Genossen klar, dass die DDR sich nicht, wie von der Propaganda behauptet, vor einer imperialistischen Aggression geschützt hatte, sondern dass sie den Staat von ihren Gnaden vor dem Ausbluten zu bewahren trachtete.

Der Westen verschwand hinter dem Eisernen Vorhang. Es traf Verliebte, Verden. Hatte man sich mit dem ideologischen Druck und den Repressionen in der DDR noch leichter abgefunden, solange man von Zeit zu Zeit „nach drüben" fahren oder Besucher aus dem Westen empfangen konnte, so war einem nach dem Mauerbau diese Kompensation verwehrt. Wir konnten uns nicht einmal mehr tage-, geschweige denn wochenlang entziehen. Die Reisefreiheit hatte für ein völlig anderes Klima an den Schulen, Universitäten, in den Freundeskreisen und in den Betrieben gesorgt, war ein wichtiges Thema in privaten Gesprächen, ja durch sie hatte sich sogar eine merkwürdige Parallelwelt neben unserem Alltag herausgebildet. All das haben sich die nach 1961 in der DDR Geborenen nicht mehr vorstellen können.

NACH DEM 13. AUGUST 1961 konnte man der DDR nicht mehr durch das

Schlupfloch Berlin entkommen, konnte nicht mehr hier und gleichzeitig dort sein. Wir durften nicht einmal zur Beerdigung fahren, wenn jemand starb. Es gab keinerlei Begegnung mehr. Gespräche über die wenigen Privattelefone mussten beim Fernamt angemeldet werden, halbe Tage warteten wir auf die Verbindung, oft kam sie gar nicht zustande.

Der Mauerbau ist oft als die eigentliche Geburtsstunde der DDR bezeichnet worden. Vom 13. August 1961 an gehörte man dazu – auf immer und ewig. Nicht die Gründung der DDR am 7. Oktober 1949, sondern der Mauerbau am 13. August 1961 sollte Haltung und Mentalität der Menschen im Land besonders nachhaltig prägen: Aus objektiver Machtlosigkeit, die der übermächtige Staatsapparat über die Bevölkerung verhängt hatte, wurde nun auch subjektive Ohnmacht. Und da man den Menschen die institutionellen Möglichkeiten einer Partizipation an der Macht nahm, verloren sie allmählich die Fähigkeit zu eigenverantwortlichem Handeln.

Wer nach dem August 1961 über die Grenze kam, war ein Flüchtling, wie Uwe Johnson ihn verstanden hat. Man konnte das Land nur noch „unter gefährlicher Bedrohung" verlassen. In Berlin sprangen Menschen aus hochgelegenen Stockwerken, brachen mit Lastwagen durch die Sperranlagen, durchschwammen den Teltowkanal, die Havel, die Spree oder den Humboldthafen, bei uns setzten sie sich über die Ostsee ab oder versuchten es zumindest. Ein Lokomotivführer raste mit einem Personenzug durch die Sperranlage, andere überquerten die Grenzstellen mit gefälschten ausländischen Dokumenten. Bis zum Ende des Jahres 1961 bezahlten 13 Menschen ihren Fluchtversuch mit dem Leben, mehr als 3.000 wurden bei gescheiterten Fluchtversuchen festgenommen. Die Zahl der politisch Verfolgten stieg in der zweiten Jahreshälfte 1961 um das Fünffache auf 7.200.

Der Westen hatte sich verlagert. Die eine Hälfte des Westens war dort, wo wir nicht mehr sein konnten, die andere Hälfte war in denen, die ihn noch kennen- und schätzen gelernt hatten. Wir hatten uns dort zu Hause gefühlt, auch wenn wir nur zu Besuch waren. Von nun an gab es zwei Arten von Westdeutschland: das reale, das sich fortan Tag für Tag in eine uns unbekannte Richtung verwandelte, und das ersehnte, das im Innern jener Ostdeutschen lebte, die niemals von ihm lassen wollten.

So nistete sich die Sehnsucht in unseren Herzen ein. Der Westen war wie eine Frau, die man als 17-Jähriger auf den Sockel hebt und anbetet. Da können Jahrzehnte oder Jahrhunderte vergehen, ihre Schönheit bleibt erhalten. Die Runzeln und Abgründe, die Mängel und Beschneidungen von Freiheit haben viele von uns nicht oder nur wie durch einen Schleier gesehen. Wir haben idealisiert, was wir nicht besaßen.

Etwa zehn Jahre nach dem Mauerbau begann ich, gelegentlich vom Westen zu träumen. Und was ich anderen erzählte, erzählten diese mir: „Weißt du, heute Nacht war ich im Westen." Ein immer wiederkehrendes Motiv dieser Träume war das Gefühl der totalen Erleichterung und Entlastung. Als hätten die DDR-Grenzer ihre Kontrollen gerade beendet, der Zug sei wieder angefahren und wir hätten an den Häusern und Autos erkannt, dass wir in der Freiheit waren. Dann begannen wir uns im Traum anzulächeln und zu erzählen und machten die beglückende Erfahrung: Du fühlst dich wohl hier im Westen. Du kannst die Musik hören, die du magst, die Bücher und Zeitungen kaufen, die du schätzt, du kannst nach Rom und nach London und nach Kopenhagen fahren, in Hamburg zum Jungfernstieg und auf die Reeperbahn gehen, den Kölner Dom besuchen und in den Alpen wandern.

Unser Bild vom Westen wich sehr stark ab von dem Westen, den die Menschen dort tatsächlich erlebten. Wenn sie uns besuchten, haben wir oft protestiert, wenn sie – falls sie 68er und Linke geworden waren – hauptsächlich von den Mängeln ihrer Gesellschaft erzählten. Es kam zu heftigen Kontroversen, in denen wir DDR-Bürger den Westlern den Westen erklärten und sie uns den Sozialismus. Jede Seite hatte ihre innere Wirklichkeit und manchmal auch Wahrhaftigkeit.

Wir haben uns über jeden Besuch, jeden Brief und jedes Geschenk aus dem Westen in einer Weise gefreut, die der gesättigten Gesellschaft unserer Brüder und Schwestern unbegreiflich war. Abgeschottet, hinter der Mauer lebend, brauchten wir diese Zuwendung als Zeichen, dass wir nicht vergessen waren, dass wir irgendwie dennoch dazugehörten. Manchmal nahm diese Überhöhung des Westens groteske Formen an. Beispielsweise hielten zahlreiche Urlauber am Ostseestrand Ausschau nach Strandgut. Vielleicht wurde eine Flasche angeschwemmt mit dem Etikett von Bols

Dass sogar meine Gedanken vom Kerkeralltag infiziert waren und ich mich wohl mit einer halb resignativen Weltsicht arrangiert hatte, habe ich in vollem Ausmaß erst verstanden und gefühlt, als ich den Kerker verlassen hatte. Während der DDR-Zeit war ich zwar oft wütend über Unrecht, Diskriminierung und ideologische Borniertheit, andererseits aber unempfindlich gegen die allgegenwärtigen Demütigungen im Alltag. Etwa an jenem Nachmittag Anfang der 1980er-Jahre, als drei schwedische Frauen, sehr solidarische, liebenswürdige und aufgeweckte Lehrerinnen, die wir durch kirchliche Kontakte kennengelernt hatten, mit uns den Rostocker Intershop aufsuchten, um unserer vierjährigen Tochter ein besonderes Geschenk zu machen, eines, das nur gegen Westgeld zu haben

„Stör mich nicht, ich will leben, ich will stark sein."

oder einer anderen bekannten Westmarke. Ich fand diese Flaschen später, fein gesäubert, in Dutzenden von Haushalten auf Wohnzimmerschränken oder Flurregalen – Trophäen mit Signalcharakter, die demonstrierten: Der Staat hat mich, aber er hat mich nicht ganz. So wurden leere Flaschen, Blechdosen, Plastiktüten aus dem Westen (die in den Schulen verboten waren!), Jeans oder T-Shirts zum trotzigen Zeichen von Eigenständigkeit.

Trauer als Kehrseite der Sehnsucht war mir damals so wenig bewusst wie wohl den meisten DDR-Bürgern. Sie hätte mich gelähmt, so schickte ich sie weg. „Stör mich nicht", sagte ich, „ich will leben, ich will stark sein." Viele hielten sich an das bekannte Volkslied: Sie glaubten, dass sie, selbst wenn sie eingesperrt seien „in finstere Kerker", wenigstens in ihren Gedanken frei bleiben und die Mauern und Schranken einreißen könnten.

war. Der Intershop war das Ausland im Inland, der Westen im Osten, ein quasi exterritorialer Ort voller begehrter Produkte aus der freien Welt. Zeitweilig durften Ostdeutsche gar nicht hinein, zeitweilig mussten sie ihr Westgeld gegen sogenannte Forumschecks eintauschen, die vom Staat ungünstig 1 : 1 eingetauscht wurden. Jedenfalls besuchten wir mit den schwedischen Damen den Intershop, während jene, die kein Westgeld hatten, sich die Nase platt drückten an den Scheiben, hinter denen die unerreichbare bunte Warenwelt lag. Während unsere Kleine den Laden glückstrahlend mit ihren Geschenken verließ, traten zwei der Schwedinnen Tränen in die Augen.

„Warum weint ihr?"

Sie weinten, weil sie ein Spiel mitspielen mussten, in dem die einen besser waren als die anderen, in dem ihr Geld alles und unseres nichts bedeutete, in dem ein Kind größte Freude empfand über Spielsachen, die den Schwedinnen mittelmäßig und armselig erschienen. Sie weinten, weil ihnen fernab von Mauer, Wachturm und Gefängnis die Klassen- und Unterdrückungsstruktur der DDR noch in einer ganz banalen Situation begegnet waren. Ein Einkauf unter solchen Bedingungen erschien ihnen unwürdig und erniedrigend – und wir taten ihnen leid.

Und ich? Ich fühlte mich in kämpferischer Mission und begann, sie meinerseits zu trösten, denn wir, das versicherte ich ihnen, bräuchten keinen Trost. Wir seien an derartige Situationen längst gewöhnt, seien nicht mehr zu kränken oder zu demütigen. Ich war stolz auf meine Haltung, die mich vor Depressionen, Alkoholsucht und Selbstmordgelüsten schützte. Statt mich durch Selbstmitleid oder Trauer schwächen zu lassen, setzte ich auf Provokation, blies zum Gegenangriff, um in die Vorhand zu kommen.

Ich kritisierte andere, wenn sie in beschwörender Weise ihr Leben in ihren kleinen, privaten Nischen als großes Glück beschworen und die Beschränkung als Erfüllung ausgaben. Dabei hatte ich mich selbst längst mit dem kleinen Glück abgefunden, als ich den Schwedinnen die Steilküste am Ostseeufer zwischen Wustrow und Ahrenshoop zeigte und behauptete, dies sei einer der schönsten Spazierwege Europas. Wahrscheinlich tat ich ihnen da noch einmal leid, als ich so strahlend und stolz vor ihnen stand und den unverwechselbaren Geruch und den Geschmack der See rühmte. Wäre ich ein Sachse gewesen, hätte ich wohl ähnlich stolz das Elbsandsteingebirge gepriesen und als Brandenburger Schloss und Park Sanssouci in Potsdam. All das erschien uns über die Maßen schön, denn uns fehlte jeder Vergleich. Weder hatten wir die Fjorde Norwegens gesehen noch die griechische Mittelmeerküste, wir waren nicht die Rhône hinabgefahren, hatten nicht auf den Klippen von Dover gestanden und nie den Petersdom in Rom besucht. Wir waren provinziell geworden, obwohl wir Westbücher lasen, Westmusik hörten und Westkleidung trugen. Wir überhöhten das Erreichbare, um die Trauer über das Unerreichbare nicht zu verspüren. Und wir unterdrückten die Trauer über das Unerreichbare, um uns mit dem Erreichbaren zu arrangieren.

Es war ein ganz normaler sonntäglicher Familienausflug in den 60er-Jahren. Wir standen auf der Mole in Warnemünde, zwei Jungen an der Hand ihrer Eltern. Ein großes, weißes Schiff fuhr hinaus auf die Ostsee. Ein imponierendes Bild. Die Jungen waren begeistert.

„Wie schön! Da wollen wir auch mitfahren!"

„Das ist eine Fähre nach Dänemark, da können wir nicht drauf."

„Wieso, da sind doch Menschen zu sehen!"

„Ja, aber da dürfen nur Menschen aus dem Westen mitfahren."

Meine beiden Jungen waren empört, sie fanden das „total blöd". Ich hätte nun sagen können, auch ich fände es widerlich, eingesperrt zu sein. Stattdessen versuchte ich, die Kinder vor Traurigkeit zu bewahren. Sie sollten nicht denken und fühlen, dass sie Gefangene seien, nicht so früh schon, als Kinder! Deshalb erklärte ich ihnen, dass sie noch zu klein seien, um das zu verstehen, und dass das Eis am Strand von Warnemünde viel besser schmecke als das Eis in Dänemark. So haben wir das Unnormale oft zur Normalität erklärt, um nicht von Schmerz, Wut und Zorn erdrückt zu werden. Wir machten uns lebensfähig, auch hart, und haben uns unbewusst Gefühle verboten und diese zum Teil abgetötet, wenn sie das Funktionieren im Alltag zu gefährden drohten.

Passage aus den Erinnerungen von Joachim Gauck: „Winter im Sommer – Frühling im Herbst", erschienen in der Verlagsgruppe Random House, München.

Wir sind da, wenn es darauf ankommt.

RAG steht für Energieversorgung, Wirtschaftkraft und weltweit gefragtes Bergbau-Know-how. Im Unternehmen werden seit über 40 Jahren die Aktivitäten des heimischen Steinkohlenbergbaus zusammengefasst. Als Arbeitgeber und Technologieführer im Bereich Bergbau erzeugt das Unternehmen Beschäftigungseffekte über die Bergbauregionen hinaus.

Zum Konzernverbund der RAG Aktiengesellschaft zählen die RAG Montan Immobilien GmbH und die RAG Mining Solutions GmbH.

RAG Aktiengesellschaft
Shamrockring 1
44623 Herne
Internet: www.rag.de

HANDWERK

HANDWERK

Geschichten erzählen, die noch keiner kennt

Warum Journalisten nicht zu viele Vermutungen anstellen sollten, warum es wichtig ist, die Geschichte sich selbst erzählen zu lassen – der Altmeister der investigativen Recherche gibt Antworten auf viele Fragen, auch auf die, wie man seine Informanten intelligent schützt.

Seymour Hersh hat Skandale wie Abu Ghraib oder das My-Lai-Massaker aufgedeckt, er ist Pulitzer-Preisträger und der wohl bekannteste investigative Journalist der USA.

Dürfen Journalisten alles, was sie wissen, auch veröffentlichen?

SEYMOUR HERSH: Es ist ja nicht so, dass sie permanent versuchen würden, etwas Geheimes zu erfahren, das sie drucken können. Es ist vielmehr so, dass sie nach etwas Geheimem und zugleich Schlechtem suchen. Andererseits: Ich bin Amerikaner, und wenn meine Regierung etwas Kluges macht – etwa herausfinden, was al-Qaida tut –, werde ich nicht dazwischenfunken. Ich bin nicht prinzipiell gegen das Handeln der Regierung. Ich bin nur dagegen, dumme und kriminelle Dinge zu tun. Ich bin dagegen, Menschen in Gefängnisse wie Guantánamo zu stecken, weil Amerika immer als vernünftiges und ehrenwertes Land wahrgenommen wurde und wir unseren Ruf zerstört haben.

Es bringt Sie nicht in Loyalitätskonflikte, staatliche Geheimnisse zu veröffentlichen?

Es ist die Aufgabe der Regierung, das Geheime zu bewahren. Wenn ich ein großes Geheimnis erfahre, ist das nicht mein Problem, es ist ihr Problem. Dabei kann ich immer entscheiden, es zu veröffentlichen oder nicht.

Welche Fehler können Journalisten noch machen?

Zu viele Vermutungen anstellen. Sie glauben nicht, wie viele Vermutungen oder Unterstellungen einfach so übernommen werden. Es reicht nicht, kritisch und skeptisch zu sein. Sie können nämlich die Dinge infrage stellen und skeptisch sein und doch nur einer Vermutung folgen.

Was noch?

Wenn man eine gute Geschichte hat, muss man sie nicht noch zuspitzen; man muss die Dramatik oder die Sensation nicht extra hervorheben, wenn sie schon drinsteht. Man lässt die Geschichte sich selbst erzählen. Die größte Schwierigkeit bei einer komplizierten Geschichte besteht darin, sie einfach zu erzählen. Ich meine nicht simpel oder nur mit kurzen Sätzen, sondern eindeutig und sauber.

Klingt einfach.

Das kann aber sehr schwer sein. Manchmal versuchen Journalisten, eine harte Geschichte schön aufzuschreiben, mit einem schicken Einstieg etwa. Beim „New Yorker", für den ich heute noch arbeite, gibt es immer Reibereien, weil sie keine direkten Geschichten mögen. Sie wollen, dass man mit einem historischen Ereignis beginnt. Also habe ich dort in meiner Zeit als fest angestellter Mitarbeiter jede Geschichte mit dem Einmarsch in die Normandie angefangen. Ich habe mir einen Scherz erlaubt. Aber in einem Punkt haben sie recht: Wenn Sie eine lange Geschichte schreiben, müssen Sie etwas finden, das den Charakter der Geschichte widerspiegelt.

Wie verbreitet ist unter amerikanischen Journalisten die Einsicht, dass es schwer ist, eindeutig und sauber zu arbeiten?

Das ist kaum zu verallgemeinern. Meine alte Zeitung, die „New York Times", macht gute Arbeit. Und die „Washington Post" hat kürzlich eine lange Geschichte über die Zahl der Organisationen und Unternehmen veröffentlicht, die im Bereich der inneren Sicherheit und der Geheimdienste tätig sind. Die war sauber, gut und mit vielen Grafiken ausgestattet. Heute ist alles Multimedia, selbst die großen Storys werden mit dem Hinweis „Gehen Sie auf www.nytimes.com, dort finden Sie jedes Interview" versehen. Das hat einige Vorteile. Man kann die langen Interviews, die man geführt hat, online stellen. Mein Problem ist jedoch das hochwertige Schreiben. Davon gibt es nicht genug und nicht jeder kann es.

Manche sagen, der Onlinejournalismus werde überschätzt. Es gebe zu wenig eigenständig recherchierte Geschichten in den Onlinemedien.

Ich spreche seit 15 Jahren mit Kollegen darüber, investigativen Journalismus online zu betreiben. Investigative Journalisten brauchen manchmal zwei Monate für eine Recherche; sie fliegen um die Welt und investieren vielleicht 100.000 Dollar in eine Geschichte. Sie brauchen Geld. Und bis jetzt hat niemand herausgefunden, wie Onlinemedien investigative Recherchen finanzieren sollen. Das ist heute das große Problem des Onlinegeschäfts.

Wie könnte eine Lösung aussehen?

Das weiß ich nicht. Aber ich bin mir sicher, dass man dieses Finanzierungsproblem lösen wird.

Ohne das Wissen von Informanten gibt es keine Investigation, keine Recherche. Wie bringen Sie wichtige Informanten dazu, sich Ihnen zu öffnen?

Eine Möglichkeit ist, ihnen etwas Neues zu erzählen. Das hilft, wenn man anruft. Man muss dieses erste Stückchen

> „Wenn Sie eine lange Geschichte schreiben, müssen Sie etwas finden, das den Charakter der Geschichte widerspiegelt."

Information haben, auch wenn dieses schwer zu bekommen ist. Wenn Sie etwas haben, das niemand weiß oder wissen sollte, kommen Sie ins Gespräch.

Was meinen Sie damit?

Ich habe gerade ein Buch eines ehemaligen Regierungsanwalts gelesen, in dem er erzählt, wie er reagierte, wenn ein Journalist mit einem sensiblen Thema zu ihm kam. Er schreibt: „Ich habe gelogen. Ich habe gesagt, ich weiß nicht, wovon Sie reden. Dann bin ich zu meinem Boss gegangen und habe ihm gesagt, der weiß was, pass auf ihn auf." Aber wenn man ein Körnchen Wahrheit findet, etwas Wichtiges, kann das wie ein Dosenöffner wirken. Ich sage meinen Gesprächspartnern oft: „Bevor wir reden, lassen Sie mich erzählen, was ich kürzlich gehört habe." Ich gebe ihnen etwas, das kann auch Klatsch sein, aber es unterscheidet mich von anderen.

Sie verlassen sich auf einen Austausch mit Informationen?

Na ja, eher auf einen Handel. Manche Kollegen sagen: Du erzählst nie einer Quelle etwas, das sie nicht unbedingt wissen muss. Ich sage: Du bekommst nichts, wenn du nicht auch etwas gibst. Du erzählst denen, was du machst und weißt. Aber heute ist das auch leicht für mich, weil ich mir in 35 Jahren viele Informanten aufgebaut habe. Wenn ich zu denen mit etwas Wichtigem komme und sie nicht darüber reden können, dann sagen sie das, bevor ich richtig loslege. Und manche sagen: „Du liegst nicht ganz richtig, an deiner Stelle würde ich mir mal diese Sache hier anschauen."

Woher kommen Ihre wichtigsten Informanten?

Die erste Reihe hilft oft nicht weiter. Dafür ist die dritte Reihe manchmal wichtig.

Warum?

Weil die Leute in der ersten Reihe die Dinge schönreden. Sie sind einzig daran interessiert, Ihnen eine Geschichte zu verkaufen, die Sie so erzählen sollen, wie sie es sich wünschen. In der zweiten oder dritten Reihe hingegen finden sich manchmal Menschen, die tatsächlich an der Wahrheit interessiert sind. Aber die Leute an der Spitze der Regierung, du meine Güte! Da wurde kürzlich ein Bericht veröffentlicht, dass die Obama-Regierung bei der Ölpest im Golf von Mexiko nicht gut reagiert, dass sie Informationen verdreht habe. Oh mein Gott, was waren sie aufgeregt, das alles zurückzuweisen. Natürlich sind sie aufgeregt. Regierungen sind so. Und Barack Obama mag ein anständiger Mann sein, ich halte ihn für ehrenhaft, aber auch er ist ein Politiker.

Und die zweite, dritte Reihe?

Es gibt immer einen General, der zwei Sterne hat und gerne drei oder vier hätte, aber er wird mit zwei Sternen pensioniert. Der ist gut. Geben Sie ihm nach seiner Pensionierung einen Monat Langeweile und sprechen Sie dann mit ihm. Er wird Informationen haben. In Konzernen gibt es immer jemanden, der einen wichtigen Job will und ihn an einen Konkurrenten verliert. Er wird Ihnen erzählen, warum der andere ein Ekel ist und den Job trotzdem bekommen hat. Das ist keine schöne Aufgabe, aber da ist immer einer, der gerade das Unternehmen verlassen hat oder gefeuert wurde. Und wenn Sie wirklich verzweifelt sind, gibt es immer eine Exfrau. Das mag ich zwar überhaupt nicht, aber ich kenne Kollegen, die so an Informationen gekommen sind.

Arbeiten Sie auch mit den Geheimdiensten? Sind sie manchmal nützlich?

Natürlich. Ich kontaktiere die Geheimdienste aber nicht offiziell, indem ich etwa eine Notiz an den Chef der CIA oder dessen Pressereferenten schreibe und um ein Briefing oder Treffen bitte. Das mache ich nicht mehr, weil ich es nicht nützlich finde.

Was machen Sie stattdessen?

Ich finde Leute, die genug wissen, und treffe sie informell. Sie finden Gesprächspartner, wenn Sie zu jemandem in der CIA gehen, der ein Experte, aber kein Faulpelz ist. Sie suchen einen ehrlichen und ehrbaren Analysten. Dann sagen Sie ihm offen: „Ich möchte wissen, wie der letzte Stand in einer Angelegenheit ist, aber kein Briefing besuchen, weil dort so viel verdreht wird."

Wie überprüfen Sie diese Informationen vom Geheimdienst?

Da muss man sich anstrengen, das ist fürchterlich. Einige mögen mich, weil sie wissen, ich habe viele Informanten. Nicht unendlich viele, aber mehr als die meisten. Und wenn ich jetzt eine Geschichte schreibe und genügend Informationen habe, ist der eine Informant nicht verdächtig, weil ich die Informationen von einem zweiten erhalten haben

Danach wird gefahndet?

Ja. Sie suchen. So etwas ist nie öffentlich, aber den meisten Ärger hatte ich, als George W. Bush Präsident und Dick Cheney Vizepräsident war. Sie haben nachgeforscht, wer mit mir gesprochen hat, und sie haben bestimmte Leute bestraft. Dabei haben sie aber immer die falsche Person erwischt. Immer!

Wie beurteilen Sie die Qualität von anonymen Quellen?

Man ist darauf angewiesen. Aber beim „New Yorker" gibt man Unsummen – wirklich ungewöhnlich viel Geld – für Faktenchecker aus. Das sind 15 bis 20 Leute, die viel Geld kosten, aber das Magazin besser machen. Meinen anonymen Quellen habe ich über die Jahre erklärt, dass ich nichts verwenden kann, es sei denn, sie sprechen getrennt von mir

> „Wenn Sie verschiedene Informanten haben und Sie alle diese Informationen im Text verwenden, ohne die Namen der Quellen zu nennen, verwirren Sie die Verfolger."

könnte, selbst wenn die Behörden das prüften.

Wie schützen Sie Ihre Informanten?

Wenn ich eine sensible Geschichte schreibe, wie über Nuklearwaffen in Pakistan und wie Amerika damit umgeht, macht das die Regierung verrückt. Also prüfen sie mögliche Informanten und finden heraus: Der hat es gewusst, aber er hat etwas anderes nicht gewusst, was der Hersh geschrieben hat. Also folgern sie, er kann nicht die Quelle sein. Wenn Sie aber drei oder vier verschiedene Informanten haben, die Ihnen ihre Geheimnisse verraten, und Sie alle diese Informationen im Text verwenden, ohne die Namen der Quellen zu nennen, verwirren Sie die Verfolger. Die können nicht herausfinden, wer es Ihnen letztlich gesteckt hat.

noch einmal mit einem unserer Faktenchecker. Also organisiere ich den Anruf des Faktencheckers, welche Zeit, welche Nummer, manchmal nutzen wir eine öffentliche Telefonzelle, wenn die Sache sehr sensibel ist. Einige Leute sprechen nur zu Hause mit mir. In einigen Fällen fliegt ein Faktenchecker nach Washington. Ich bringe ihn zu den Leuten und gehe dann, sodass sie in Ruhe reden können.

Wie ist Ihr Verhältnis zu diesen Faktencheckern?

Sie können mächtig nerven, aber sie sind eine große Hilfe. Ich habe etwas Erstaunliches beobachtet: Jemand im Inneren der Dienste, ein Techniker, wird dem Faktenchecker mehr erklären als mir, weil er glaubt, ich würde etwas von der Materie verstehen, was ich aber nicht unbedingt tue. Ein Encrypter zum

Beispiel erklärt dem Faktenchecker ausführlicher als mir, wie das Codiersystem funktioniert. Die Faktenchecker sind gut, sie machen sich Notizen. Ich nehme oft Details von ihnen und nutze sie für die Story.

Was ist das wichtigste Erfolgskriterium für einen guten, investigativen Journalisten? Die Intensität der Recherche?

Sie müssen dranbleiben, den letzten Anruf machen, immer dranbleiben. Das ist schwer. Manchmal fühle ich mich wie ein Fundraiser oder ein Geldeintreiber für eine gemeinnützige Organisation.

Sind Fundraiser mit Journalisten vergleichbar?

Die Leute sind immer schnell dabei zu sagen: Mit Ihnen spreche ich nicht. Ich glaube nicht daran, Leute bei sich zu Hause aufzusuchen und an ihre Türen zu klopfen. Einige Kollegen sagen, sie machen das, aber ich finde das anstößig. Anders ist es in folgendem Fall: Ich habe kürzlich an einem Sonnabend jemanden „drinnen" angerufen. Er sagte: „Komm vorbei." Ich antwortete: „In einer Stunde bin ich da." Meine Frau war etwas sauer, aber es war ein wichtiger Typ und er war einverstanden, mich zu treffen. Und solche Leute mögen es, wenn man sagt: „Ich bin gleich da." Sie sehen, man arbeitet hart.

Quellen, Material, Dokumente – was braucht man zusätzlich noch für eine erstklassige Geschichte? Welche Bedeutung haben Fantasie und Kombinationsfähigkeit?

Manchmal haben Sie vier oder fünf Fakten und schreiben eine Story. Und plötzlich verstehen Sie etwas. Aber das passiert nicht oft, dass man das Puzzle Stück für Stück zusammensetzt und dann völlig überraschenderweise feststellt: Oh mein Gott, jetzt verstehe ich die Hintergründe!

Was sollten junge Journalistinnen und Journalisten lernen, die investigativ arbeiten wollen?

Sie sollten wissen, dass Sie am Anfang beginnen müssen und nicht gleich als investigativer Journalist starten. Sie müssen lernen zu schreiben, vorsichtig und gründlich zu sein. Wenn Sie Talent haben, wird Ihnen bald dieser schöne Moment begegnen, eine Geschichte zusammenzusetzen, die kein anderer kennt. Das ist das Wichtige: etwas zusammenzusetzen, das niemand anderes kennt. So finden Sie zu Spaß und Ruhm. Aber Sie müssen klein anfangen, Porträts von Leuten und Features schreiben, die klassische Zeitungsarbeit machen und dabei lernen, Ihre Talente einzusetzen. Seien Sie akkurat, dann werden Sie sehen: Manche Kollegen verbringen ihr ganzes Leben als Stenografen oder Sekretäre. Sie hören den Präsidenten, schreiben auf, was er sagt, und sind glücklich damit. Andere sagen, ich will mehr. Ich glaube, die klugen Journalisten wollen mehr als nur Statements aufschreiben.

Sind die PR-Spezialisten stärker und professioneller als Journalisten?

Ja, manchmal sind sie viel besser, weil viele gute Journalisten in der Wirtschaftskrise das gemacht haben, was sie vorher nie gedacht hätten. Sie haben einen dieser gut bezahlten Jobs angenommen. Es gibt diese Gefahr. Es ist mittlerweile eine Kunst geworden, Nachrichten zu verdrehen und zu verpacken. Das ist erschreckend.

Wie sollten die Medien darauf reagieren?

Das große Problem ist, dass Zeitungen und Fernsehen denselben Fehler machen: Sie schreiben Leute hoch, die sie kontrollieren sollten. In Amerika könnten wir 70 Prozent der Redakteure feuern, in Deutschland ist es wahrscheinlich besser. Die Leute, denen die Druckmaschinen gehören, befördern nicht die Leute, die sie befördern sollten.

Sondern?

Oft gibt es in den oberen Etagen nette Mitarbeiter, aber das sind nicht die richtigen. Sie sind nicht aggressiv. Mir ist es oft passiert, dass Kollegen nach einer Weile müde von mir wurden, weil ich oft negativ bin und die dunkle Seite suche, weil ich immer gesagt habe: Dies ist nicht gut und das hier auch nicht. Nur sehr selten findet man einen starken investigativen Mann, der Chefredakteur oder leitender Redakteur wird. Die „London Times" hatte einmal eine Abteilung, „The Inside Team", das ist 20 bis 30 Jahre her. Ende der 60er-Jahre hatten sie dieses spezielle Team aufgestellt. Sechs Reporter haben ausschließlich investigativ gearbeitet. Sie schrieben gute Texte zum Beispiel über den Vietnamkrieg, hatten einen fantastischen leitenden Redakteur. Aber heute will niemand mehr so viel Einfluss und Macht aus der Hand geben.

Was ist die politische Essenz Ihres journalistischen Lebens?

Vertraue niemals den Leuten im öffentlichen Leben, das ist nicht unser Job. Wir sind keine Cheerleader für unsere Regierungen. Nach dem 11. September waren Reporter in den USA zu sehr mit Applaudieren beschäftigt, anstatt skeptisch gegenüber George W. Bush und seinen Behauptungen zu Bomben im Irak zu sein. „Amerika zuerst", hieß es bei ihnen, wir wollen Rache – da haben wir unsere Seele verloren.

Was treibt Sie an, mit 73 Jahren noch immer investigativen Journalismus zu betreiben?

Ich mag Geschichten. Ich hasse Lügen und ich liebe Geschichten. Ich liebe es, Geschichten zu erzählen, die noch keiner kennt.

Foto: SWR

Das Interview mit Seymour Hersh hat Thomas Leif für die „taz" geführt. Er ist Vorsitzender von Netzwerk Recherche. Übersetzung: Lars-Marten Nagel.

HANDWERK

Die Pracht der Astern zeigen

Das Magazin „Landlust" widmet sich alle zwei Monate den „schönsten Seiten des Landlebens". Es ist die erfolgreichste Zeitschriften-Neugründung der vergangenen Jahrzehnte. 2010 stieg die Auflage auf mehr als 750.000 Exemplare. Dabei existiert das Blatt erst seit 2006.

Ute Frieling-Huchzermeyer, die „Landlust"-Macherin, ist Chefredakteurin von der ersten Ausgabe an. Stephan Lebert hat sie für die „Zeit" porträtiert.

Sie möchte ein Vorgespräch führen, bevor sie einem Treffen zustimmt. Sie sagt, sie habe keine Lust mehr auf die üblichen Besuche von Journalisten. Da komme jemand, meistens nett, man unterhalte sich, meistens nett, und dann erscheine irgendwann ein Text, der sich über den Erfolg ihrer Zeitschrift „Landlust" lustig macht. Ihre Zeit sei ihr zu schade für den ewigen Spott.

Am Ende des Telefonats stimmt Ute Frieling-Huchzermeyer schließlich einem Interview zu, man dürfe kommen, nach Münster, Stadtteil Hiltrup. Dort residiert der Landwirtschaftsverlag, zu dem „Landlust" gehört, in einem großen modernen Gebäude.

Von ihrem Büro sieht die Chefredakteurin einen hübschen Teich. Sie widmet diesem Blick das Editorial der aktuellen Ausgabe: Sie konnte beobachten, schreibt sie, wie neun kleine Entenküken unter großer Anteilnahme der Redaktion von den Entenlatern aufgezogen wurden.

DIE ZEITSCHRIFT „LANDLUST" ist eine derart außerordentliche Erfolgsgeschichte, dass kein Superlativ zur Beschreibung ausreicht. Gegründet im Jahr 2005, knackte sie nahezu ohne Werbung bereits ein Jahr später die Auflage von 100.000. „Ein gelungener Start", kommentierten die Mediendienste anerkennend. 2008 wurden dann schon 300.000 Stück verkauft. „Wahnsinn", jubelten die Mediendienste, und „Wahnsinn", dachten die großen Verlage, die, einfallsreich wie sie sind, ebenfalls neue Zeitschriften gründeten, die was abbekommen sollten von dem Erfolgskuchen. Sie nannten ihre Blätter „Landliebe", „Liebes Land" oder „Landfreude", wohl in der Absicht, von Kunden am Kiosk verwechselt zu werden. Doch die Explosion der Auflage von „Landlust" stand noch bevor. Im zweiten Quartal des Jahres 2010 wurden mehr als 700.000 Exemplare verkauft. Das liegt in einem Bereich, in dem nur noch „Stern", „Spiegel" oder „Brigitte" mithalten können.

WEIL SIE SO ENTSCHLOSSEN IST, NENNEN IHRE KINDER SIE „MAMA BRUTALE". Eigentlich müsste das „Landlust'-Wunder" (Branchendienst Kress) allgemein bejubelt werden angesichts der ansonsten schlimmen, trostlosen Medienkrise, aber das geschieht nur selten. Dies könnte damit zu tun haben,

kommen auch nie Prominente vor, „nein, das würde nicht passen". Würde sich das nicht anbieten, schöne, bekannte Menschen zeigen ihre Pflanzen, ihre Gärten? Sie habe überhaupt nichts gegen solche Geschichten, nein, aber „es ist nichts für uns. Es würde nicht zu uns passen."

Ute Frieling sagt auch, sie habe gar nicht die Zeit für Auftritte in Talkshows. Wenn sie endlich nach Hause kommt, auf ihren 120 Kilometer entfernten Bauernhof, von dem sie täglich pendelt, „dann möchte ich mein wirkliches Leben genießen. Abspannen, abschalten." Ihre Schweine sind dann dran, Hühner, Kühe, die Natur, die Familie. Sie steht jeden Morgen um fünf Uhr auf, um gemeinsam mit dem Mann, einem Landwirt, Kaffee zu trinken.

Eigentlich, sagt sie, sei „Landlust" eine ziemlich einfach zu verstehende Zeit-

„Sind Entenküken die Retter des Journalismus?"

dass die reine Frauentruppe in Münster etwas anders macht als viele im Rest der Republik und dass man sich damit nicht so gerne auseinandersetzt – und lieber ein paar Witze reißt. Geht ja so einfach in Sachen „Landlust": Sind Entenküken die Retter des Journalismus? Oder: Hat die Zukunft des Journalismus einen Namen? Ute Frieling-Huchzermeyer?

Ute Frieling, der Doppelname verschwindet im Gespräch, trägt Jeans und eine weiße Bluse.

Sie ist Jahrgang 1958, sie ist blond, Mutter von drei Kindern, Typ moderne, herbe Doris Day. Sie hat „Landlust" gegründet, sie ist also ein Star und könnte sich als ein Star feiern lassen. Könnte in ziemlich vielen Talkshows sitzen. Nein, sagt sie, Einladungen lehne sie alle ab, „das passt nicht zu mir, das passt auch nicht zu ‚Landlust'". In ihrer Zeitschrift

schrift, die Unterzeile erkläre alles: „Die schönsten Seiten des Landlebens". Wir wollen, sagt sie, schöne Dinge beschreiben, die es auf dem Land gibt. Eine schöne Welt, „dies spiegelt sich in jedem Text wider, in jedem Foto, in jeder Bildunterschrift". Die Mitarbeiter dieser Zeitschrift mögen dieses Konzept, „wenn Sie so wollen, weil wir alle dieses Landleben mit all den Nischen kennen und leben".

Erster Versuch, das Erfolgsgeheimnis der Zeitschrift „Landlust" und ihrer Chefredakteurin zu erklären: Sie verabschieden sich von der Medienwelt, verweigern sich deren Gesetzen. Es gibt keine Schönen und Wichtigen, es gibt die Nachbarin um die Ecke, die verrät, warum ihr Balkon so schön ist. Es gibt keine Promiköche und keine Food-Installation, sondern Rezepte, die von den Redakteurinnen gegessen werden und deren Zutaten wenigstens theoretisch von jedem Bauernhof kommen können. Man reagiert auf die Jahreszeiten und keinesfalls auf sogenannte Trends. „Landlust" leistet auf ihre Art Widerstand. Ein Anti-Blatt.

Ute Frieling kennt sämtliche Facetten des Landlebens. Aufgewachsen ist sie auf einem Bauernhof, „es war eine glückliche Kindheit mit viel Natur und Tieren", sie hätte sich auch vorstellen können, den Hof von ihrem Vater zu übernehmen, doch da war der ältere Bruder an der Reihe, so ist das eben. Sie studierte Landwirtschaft an der Universität und wurde eher zufällig Redakteurin der Zeitschrift „Top Agrar", dem führenden Branchenblatt der Bauern. Sie bekam drei Kinder und war jeweils sechs Wochen nach der Geburt wieder am Schreibtisch. Sie sagt, sie sei eine entschlossene Frau, die Wege konsequent verfolge, die sie mal eingeschlagen habe. Ihre Kinder nennen sie „Mama brutale".

IN IHRER REDAKTION GIBT ES NUR FRAUEN. „Reiner Zufall", sagt sie. 15 Jahre blieb sie bei „Top Agrar", hat über alles geschrieben, auch über das Bauernhofsterben und die Probleme mit dem Alkohol. „Es gab und gibt Bauern, die sich totsaufen." Sie schwärmt von ihrem früheren Chef und Lehrer, einem Professor namens Wilhelm Wehland, „von dem ich alles gelernt habe, Recherche, eine klare, einfache Sprache und eine Menge Bescheidenheit dem Leser gegenüber".

Bei „Top Agrar" stand die heile Welt nicht im Mittelpunkt, das war ein anderes Blatt, sagt sie. Bei „Landlust" ging es von Beginn an um ein Gefühl: Gerade in Zeiten großer Technisierung und virtueller Welten wachse ein Bedürfnis nach Ruhe und Entschleunigung, nach Echtheit und Natur. „Ich kenne dieses Bedürfnis bei mir, bei meinen Redakteurinnen, und wir dachten, das könnte auch für Leser zutreffen."

Wie hat sie sich ihre Redaktion zusammengesucht? Viele Frauen hätten einen naturwissenschaftlichen Hintergrund, sagt sie, „ansonsten muss es einfach passen." Warum nur Frauen? Zufall, sagt Ute Frieling, reiner Zufall. Es sei vielleicht hilfreich, dass Frauen sich leichter hinterfragen als Männer.

Man möchte wissen, warum in ihrem Magazin nie der Klimawandel zum Thema gemacht wird. Die Chefredakteurin antwortet, ihre Leser seien informierte Menschen, läsen Tageszeitungen und Hefte wie den „Spiegel", „aber wenn sie uns lesen, wollen sie entspannen, wollen sich nur mit schönen Dingen beschäftigen, mit den anderen Sachen haben sie den Rest des Tages genug zu tun".

Sie erzählt von der Geschichte über Astern in der aktuellen Ausgabe, über diese Blumen, die besonders im Herbst schön blühen, die es aber nur noch selten gibt. „Landlust" zeigt die Pracht der Astern und liefert sämtliche Informationen über die Blumen. „Wir problematisieren aber nicht, dass Astern rar geworden sind." Im Kopf der Leser soll diese Frage entstehen im Angesicht der schönen Blumen. Ein Ziel von „Landlust" sei es, die Fantasie anzuregen. Dazu seien hochwertige Fotos und edle Bildstrecken wichtig. Hat sie einen Artdirector oder künstlerischen Berater? Ach, nein: „Wir machen das alles selbst." Fotografen kamen und zeigten ihre Bilder, „wir haben viel diskutiert und allmählich erarbeitet, was uns gefällt und was nicht".

Natürlich haben sie den enormen Erfolg nicht erwartet, und natürlich sind alle stolz und froh darüber. Aber, sagt Ute Frieling, man müsse jetzt aufpassen, sich treu zu bleiben. Immer mehr Anzeigenkunden möchten ins Blatt, wunderbar, aber zu viele Anzeigen verändern den Charakter der Zeitschrift, erste Leser hätten sich schon über zu viel Werbung beschwert. Sie möchte im Einzelnen darüber nicht sprechen, aber nur so viel: Man habe eine Methode gefunden, dass nicht zu viele Anzeigen in eine Ausgabe kommen. Ob sie denn, wie jeder Chefredakteur, Termine mit Anzeigenkunden habe? Nein, sagt sie, um Gottes willen, und sagt dann wieder ihren Lieblingssatz: „Das würde auch zu mir nicht passen."

HANDWERK

Eine weitere Forderung sei in Anbetracht des Erfolges, öfter als alle zwei Monate zu erscheinen, wie bislang. Nein, sagt Ute Frieling, daran werde nichts geändert. „Wir sind das Blatt der Entschleunigung, und wir werden gelesen. Wenn wir jeden Monat erscheinen mit unseren mehr als 200 Seiten, überfordern wir die Leser."

Die „Landlust"-Welt. Welche Geschichte passt, welche passt nicht? Immer geht es darum. Unlängst waren Mopedfahrer auf dem Titel, die neue Lust aufs Fahren auf dem Lande mit eigenen Maschinen. Einige Leser schrieben böse Briefe, was denn das mit Landleben zu tun habe. Ute Frieling sagt: „Ich fand die Geschichte gut, natürlich geht das."

Kann sie sich manchmal etwas anderes vorstellen als „Landlust"? Nein, nein, sie verspüre keinerlei Müdigkeit. Aber eine Idee schwirre ihr im Kopf herum: eine Wirtschaftszeitschrift, die sich nur um mittelständische Unternehmer dreht, um Einzelkämpfer und deren Ideen. „Sie meinen", fragt der Reporter, „Aufstieg und Fall von Unternehmern als Heftprinzip?" Nein, sagt sie, „nur die Kraft und die Leidenschaft, die bei manchen Unternehmern dahintersteckt. Das Scheitern interessiert mich nicht."

HANDWERK

Bildung kann man nicht downloaden

Er war und ist ein strenger Lehrmeister. Den Profis hat er Deutsch verordnet und wird nicht müde, zu schreiben und zu lehren. Für das „medium magazin" hat Wolf Schneider seine wichtigsten Lehren aufgeschrieben, die Summe eines langen Journalistenlebens.

Wolf Schneider (Jahrgang 1925) ist Journalist, Journalistenausbilder und Sachbuchautor. Seine hohen Ansprüche haben viele Journalistengenerationen geprägt. Die Schüler wissen seine Wahrheiten zu würdigen, Hinweise auf den folgenden Seiten.

1. SELBSTVERSTÄNDNIS. Wir sind dazu da, unseren Mitbürgern anschaulich zu machen, wie es auf der Welt zugeht – egal, ob Print oder online, im Radio oder im Fernsehen. Politiker können das nicht oder wollen es nicht. Blogger besitzen seltener als wir die Tugenden, auf die es dabei ankommt: Weltkenntnis – Misstrauen – Augenmaß – klares Deutsch – und den Willen, von möglichst vielen gehört, gelesen und verstanden zu werden. Diesen Willen brauchen wir immer. Dazu die Bereitschaft, hart zu arbeiten, wann immer die Zeit reicht, und die Kenntnis der Mittel, die wir dafür einsetzen müssen.

2. WELTKENNTNIS. Bildung lässt sich nicht downloaden. Jeder Journalist sollte eine Vorstellung davon haben, dass Russland in der Einwohnerzahl längst hinter Brasilien, Pakistan, Bangladesch und Nigeria zurückgefallen ist. Und jeder sollte immer noch wissen, welche drei Kriege Bismarck geführt hat. Faktenwissen ist nicht überholt. Wer es nicht hat, ist verloren im Dschungel der Informationen, und kein Computer hilft ihm bei einem Interview.

3. MISSTRAUEN. Erstens gegen alle, die uns etwas als Sensation verkaufen wollen. Zweitens gegen inszenierte Medienereignisse: Viele Demonstrationen finden nur statt, damit Transparente vor die Fernsehkamera gehalten werden können. Drittens gegenüber allem, was Politiker und Verbandssprecher von sich

JOURNALISTEN ÜBER SCHNEIDER

PAUL-JOSEF RAUE,
Chefredakteur „Thüringer Allgemeine"

Hütet Euch vor den Missionaren! Vor denen, die Politiker sein wollen, statt ihnen auf die Finger zu klopfen. Vor denen, die alles wissen, vor allem alles besser. Vor Oberlehrern, Weltverbesserern und Wortverführern. Für uns 68er des ersten Jahrgangs eine Zumutung. Wir litten unter Schneiders Provokation, er unter unserer Gegenwehr. Profitiert haben wir beide: Schneider von der (späten) Genugtuung eines pädagogischen Siegs; ich von der schlichten Wahrheit aus dem Mund eines strengen Meisters.

PETER-MATTHIAS GAEDE,
Chefredakteur „Geo", Herausgeber Geo-Gruppe

Dass perfektes Handwerk im Journalismus keine Sekundärtugend ist, habe ich von Wolf Schneider gelernt. Dass Knappheit und Präzision elegant sein können. Dass es große, regelmäßig entleerte Container für Wortmüll geben sollte. Dass die Fallen voller verbaler Klischees weiträumig zu umgehen sind. Dass es mehr als 816 Wörter gibt. Dass es hilfreich ist, vor dem Schreiben zu denken. Am meisten profitiert habe ich davon, ihn einerseits erlebt, andererseits überstanden zu haben.

PETER KLOEPPEL,
Chefredakteur RTL

Man sollte sich als Journalist nie zu schnell zufriedengeben. Egal, ob es ein Extra-Anruf bei einer Quelle ist, eine zusätzliche Recherche, ein erneuter Versuch, sich klarer auszudrücken – all das hilft, wenn es darum geht, seine Leser oder Zuschauer gut zu informieren und sie nicht zu langweilen.

geben: Zur Wahrheit haben sie ein taktisches Verhältnis. Wo der Verdacht auf Vertuschung oder Verschweigen besteht, recherchieren wir. Vor aller Recherche aber machen wir uns klar: Bewegt wird mit Worten wenig oder nichts. Dass aus ebensolchen Worten meist die Hälfte aller Nachrichten besteht, das sollten wir ändern: Reden und Verlautbarungen bringen wir grundsätzlich halb so viele, und Wahlreden (als die überdurchschnittlich unglaubhaften) niemals auf Seite 1.

4. DISTANZ. Wird ein Politiker zitiert, so hat dies in Gänsefüßchen oder im Konjunktiv zu geschehen (er habe, es sei). Seine Worte als seine wahren Meinungen wiederzugeben („Der Minister will" – bloß weil er behauptet hat, er wolle!) ist ein Skandal. Wer diesen Unterschied nicht hört oder nicht wichtig findet, hat seinen Beruf verfehlt.

5. AUGENMASS. Die Schweinegrippe war die erste Seuche, die sich nicht durch Viren verbreitete, sondern durch Journalisten. Rasch war klar, dass sie weit harmloser verlief als unsere alte Wintergrippe – dass die meisten sich also arglos und dümmlich an der Panikmache durch die Pharma-Industrie beteiligten. Auch den Verantwortungsbewussten unter den Journalisten fehlt es meist am Sinn für Proportionen. Wir sollten im Hinterkopf behalten: Die großen Mörder der Menschheit sind Hunger, Malaria, Aids, verseuchtes Trinkwasser und der Straßenverkehr.

6. SAUBERES DEUTSCH. Die Schule hat das korrekte Deutsch gelehrt, und das ist richtig und wichtig. Es lässt sich aber zu Satzungetümen türmen. Für viele Journalisten ist gerade solche Artistik ein Sport, ja eine Frage der Ehre, zumal in den gehobenen Feuilletons. Am Anfang jedes Textes, der nach Lesern oder Hörern strebt, steht die Einsicht: Es genügt bei Weitem nicht, dass er korrekt ist und von mir ist – nun beginnt die Arbeit.

7. SCHLANKE SÄTZE. Jeder Satz sei durchsichtig gebaut und strebe vorwärts, Wort für Wort. Zu vermeiden sind vor allem eingeschobene Nebensätze und vorangestellte Attribute (die Wörter, die wir zwischen den Artikel und das Substantiv quetschen dürfen). Was im Satz so eng zusammengehört wie Subjekt und Prädikat (Wer tut was?) oder die Teile eines zweiteiligen Verbums (er will … kommen), darf höchstens durch sechs Wörter voneinander getrennt sein, sonst überfordert es unser Kurzzeitgedächtnis – dies die Einsicht einer seriösen Wissenschaft, die von niemandem bestritten wird. Aber die meisten Deutschlehrer und Berufsschreiber ignorieren sie.

8. SCHLICHTE WÖRTER. Ein Wort ist umso verständlicher und umso kraftvoller, je weniger Silben es hat (die andere Grundeinsicht der Verständlichkeitsforschung). Auch sonst verwenden wir immer das simpelste verfügbare Wort: Wir brauchen eine neue Waschmaschine (und wir „benötigen" sie nicht), das hat uns Spaß gemacht (und nicht „bereitet"), das Auto hat vier Räder (und weist sie nicht auf). FRISCHE WÖRTER: Auf was liefen die Vorbereitungen? „Auf Hochtouren", natürlich. Bei derart ausge-

> „Auch den Verantwortungsbewussten unter den Journalisten fehlt es meist am Sinn für Proportionen."

HANDWERK

JOURNALISTEN ÜBER SCHNEIDER

CHRISTOPH KEESE,
President Public Affairs bei Axel Springer

MATHIAS MÜLLER VON BLUMENCRON,
„Spiegel"-Chefredakteur

Streng dich an, du kannst mehr, als du glaubst, nimm dich selbst ernst, dann tun es andere auch – das war und ist Wolf Schneiders zentrale Botschaft. Er drückt es allerdings drastischer aus.

Alles, was guten Journalismus von alltäglicher Schreiberei, Desinformation und Manipulation unterscheidet. Sprache, Leidenschaft, Unabhängigkeit und die Lust zur Perfektion: Sei niemals zufrieden, stelle dein Werk immer wieder infrage und verpasse dennoch nie eine Deadline.

Foto: P. Schirnhofer

PETRA RESKI,
freie Autorin und Schriftstellerin

BRIGITTE BÜSCHER,
Reporterin bei „hart, aber fair" (WDR)

Er hat uns gelehrt zu sagen: Der Kaiser ist nackt! Hauptsachen in Hauptsätze zu packen, Adjektive zu fürchten wie die Pest und nach Verben zu suchen. Uns zu quälen: Qualität kommt von Qual. Und er hat uns gelehrt, das Herz über die Hürde zu werfen – vielleicht das Wichtigste beim Schreiben.

Journalismus ist zwar deine Leidenschaft, aber auch ein Handwerk – und das lernst du! Freu dich! Denn nach der Qual kommt durchaus – die Qualität.

leierten Redensarten rastet keine Aufmerksamkeit mehr ein. KEINE IMPONIERVOKABELN: Kaum eine anspruchsvolle Zeitung ohne den modischen „Paradigmenwechsel". Vermutlich wissen aber 90 Prozent der Leser nicht, was ein Paradigma ist.

9. SYNONYME? Sie sind gut für alle Nebensachen. Sie für die tragenden Begriffe eines Textes auch nur zu suchen, ist die lächerlichste aller journalistischen Unsitten. Für die meisten konkreten Wörter gibt es gar keine. Tisch? „Vierbeiner" wäre korrekt, ist aber schon vergeben. Urnengang? Der Nachrichtensprecher, der ihn zwanghaft benutzt, verwendet ihn zu Hause nie. Vor allem aber: Auch das erträgliche Synonym verletzt ein Urvertrauen aller Hörer und Leser. Solange einer dasselbe meint, sagt er selbstverständlich dasselbe – und wenn er plötzlich etwas anderes sagt: Wie kann er dann dasselbe meinen?

10. REIZE. Ohne Verständlichkeit ist alles nichts – aber Verständlichkeit ist nicht alles. Sie kulminiert vernünftigerweise in der Gebrauchsanweisung für einen Feuerlöscher; aber die liest sich, wenn es nicht brennt, nicht interessant genug. Ein paar Anreize müssen hinzukommen: spannender Aufbau, dynamische Sätze, Pfeffer, Pfiff. Und mit dem Pfeffer natürlich beginnen! Wie der amerikanische Nobelpreisträger Paul Krugman, der, von einer Studienreise durch China zurückgekehrt, seinen Bericht so eröffnete: „Ich habe die Zukunft gesehen, und sie wird nicht funktionieren." Ja – so angelt man sich ihn, den Hörer, den Leser, das kostbare Gut.

HANDWERK

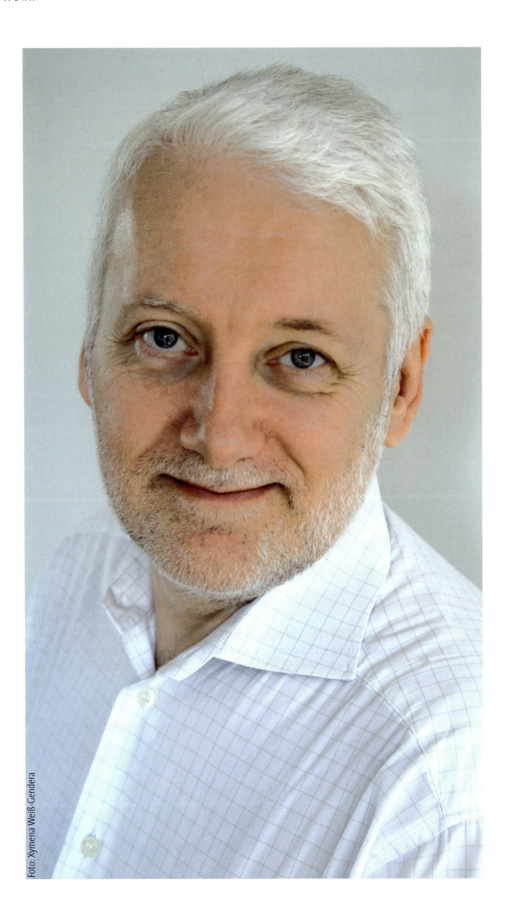

Foto: Xymena Weiß-Gendera

Die Titelseite wird zum Poster

In den vergangenen Jahren hat bei Titelseiten eine rasante konzeptionelle und gestalterische Entwicklung stattgefunden. Von der ersten Politik-Seite mit staatstragenden Themen ging es über das Schaufenster der Zeitung zur heutigen Situation: Die Titelseite wird zum Poster.

Norbert Küpper hat mehr als 100 Zeitungen neu gestaltet. In den vergangenen Monaten hat er u. a. die Zeitung „Produktion", die „VDI Nachrichten", die „Stuttgarter Nachrichten" und die Tageszeitung „Dolomiten" aus Bozen neu gestaltet. Er ist Gründer und Mitveranstalter des European Newspaper Award.

Weltweit gilt die Titelseite als wichtigster Teil der Zeitung. Hier sollen die Top-Storys stehen. Hier soll der Leser zum Kaufen verführt werden. Die Auffassungen darüber, wie die Titelseite aussehen soll, haben sich in den vergangenen Jahren gewandelt:

TITELSEITE ALS SCHAUFENSTER. Vor allem skandinavische Zeitungen folgen nach wie vor der Idee, eine Reihe von Headlines auf die Titelseite zu stellen und ein Solobild als Eyecatcher zu platzieren. Durch diese Gestaltung wird dem Leser eine Vielfalt von Themen signalisiert.

Speziell bei deutschen Zeitungen wurde früher oft ein hübsches Solobild ausgesucht, das aber nicht wirklich wichtige Inhalte vermitteln konnte. Der eigentliche Aufmacher, das abstrakte Politik-Thema, blieb ohne Abbildung. Insgesamt war das keine glückliche Situation.

BILD-TEXT-KOMBINATION. Eine der ersten Zeitungen, die diese plakative Aufmacher-Gestaltung gewählt hat, war die Wochenzeitung „Die Zeit". Inzwischen gibt es auch einige Regionalzeitungen, wie die „Stuttgarter Zeitung" und die „Thüringer Allgemeine", die auf die visuell reizvollen Bild-Text-Kombinationen setzen. Dem Leser wird ein einziges Thema sehr groß präsentiert. Der Vorteil: Man kann frei aus den Ressorts wählen, welches das beste Verkaufs-Thema des Tages werden soll. Mal ist es Sport, mal Panorama, mal Kultur.

VISUALISIERUNG VON THEMEN. Hier werden die größten Anstrengungen unternommen: Die Themen des Tages sollen prägnant inszeniert werden. Hier sind die größten Fortschritte zu beobachten. Journalisten sind kreativ. Das zeigt sich auch bei der Suche nach der besten Visualisierung. Von der griffigen Überschrift kommt man meist auch zur plakativen Bildidee. Sehen Sie selbst!

Lokaler Blickfang. Diese Titelseite zeigt, wie ernst man das Lokale nehmen kann, denn in „Länstidningen" aus Schweden werden ausschließlich lokale Inhalte veröffentlicht. Die Seite wirkt spannend und man möchte anfangen zu lesen. Besonders interessant ist das Aufmacher-Bild. Es geht um eine Firma, die Lifte produziert. Das runde Maschinenteil bildet einen guten Eyecatcher. Durch eine der Öffnungen blickt der Manager, der in dem Bericht, der im Innern folgt, eine Rolle spielt. Der Fotograf hat hier eine eigenständige, unverwechselbare Bildidee gefunden.

Bildschnitt. „The Mayo News", eine irische Lokalzeitung, setzt einen kleinen Jungen als Blickfang ein. Bei dem Bericht geht es um verschiedene Veranstaltungen in der Region am vergangenen Wochenende.

Runder Blickfang. In der Mitte der Seite steht das Logo der Gemeinde Voss, Norwegen. Es ist vom Skilaufen inspiriert. Die runde Form bildet den perfekten Blickfang auf dieser Seite.

Komplexe Visualisierung. „16 Prozent der Jugendlichen kommen durch die Eltern an Alkohol" lautet die Unterzeile des Aufmachers sinngemäß. Um die Situation zu visualisieren, wird das Glas Wein von einer Hand in die andere gegeben.

Vogelgrippe. „Diário de Notícias" erscheint auf Madeira, Portugal, und hat eine Auflage von ungefähr 14.500 Exemplaren. Das Design wirkt absolut professionell. „Die Pandemie verändert das Verhalten" lautet die Überschrift zu dem Aufmacher-Bild.

HANDWERK

Sinn für Humor. Eine Zeckenplage in Gärten und Parks ist der Blickfang dieser Titelseite von „Stavanger Aftenblad", Norwegen. Es wurden keine Fotografien der kleinen Schädlinge auf der Titelseite platziert, sondern Illustrationen. Sie sind plakativer und man kann sie auch spielerisch einsetzen. Unten links verlässt beispielsweise ein Insekt die Zeitungsseite …

Kombination Bild/Überschrift. Bild und Überschrift sind perfekt aufeinander abgestimmt und ergeben zusammen eine Informationseinheit. Diese Idee der Themen-Inszenierung stammt aus dem Zeitschriften-Bereich und wird öfter bei Zeitungen eingesetzt.

Harmonische Farbwahl. Auch die „Thüringer Allgemeine" folgt dem Trend zur Kombination von Bild und Überschrift. Hier wurde der für den Friedensnobelpreisträger vorgesehene Stuhl freigestellt und eine Fläche in der gleichen Farbe hinterlegt.

Solobild. Auch Politik-Themen können mit kraftvollen Bildern versehen werden. Die Tageszeitung „Dolomiten" aus Bozen hat das Solobild zu einem Blickfang ausgebaut. Das geschieht durch die blaue Fläche und die Überschrift, die negativ auf dem Bild steht.

Alternative zum Foto. Die Zahlen geben Auskunft über das Rauchverhalten der Deutschen. Beispiel: 33 Prozent der Erwachsenen rauchen. Die Größen der Zahlen sind nicht an einem Maßstab orientiert. Eine interessante Alternative zur fotografischen Lösung.

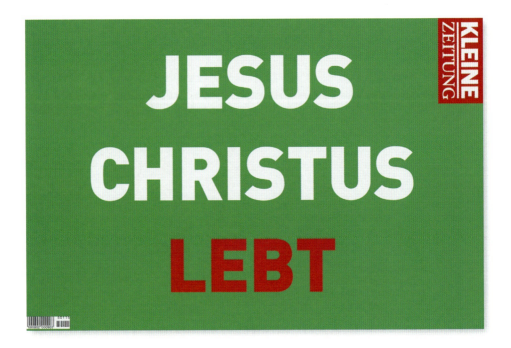

Oster-Provokation. Am Karfreitag erschien die Titelseite der „Kleinen Zeitung" aus Graz mit einer Todesanzeige. Dem Leser wurde drastisch vor Augen geführt, was die Christenheit an diesem Tag bewegt. Am Sonntag kam dann die Erlösung mit der Überschrift „Jesus Christus lebt". Eine schöne Leser-Provokation und ein Zeichen, dass man von Titelseiten mit Ostersträußen am Ostersonntag wegkommen kann.

Überhitzung. Im Sommer 2010 kam es zu Problemen bei der Deutschen Bahn. In Zügen sind Klimaanlagen ausgefallen. Die Visualisierung erfolgt mit einem Verkehrszeichen, das schmilzt. Guter Blickfang mit perfekter Visualisierung des Themas.

Freisteller. Die freigestellten Lottokugeln ergeben durch den 3-D-Effekt einen sehr guten Blickfang. Inhaltlich geht es um das staatliche Monopol auf das Lottospiel, das vom Europäischen Gerichtshof für rechtswidrig erklärt wurde.

Extremes Format. Die „Stuttgarter Nachrichten" zeigen neben der nötigen Kontinuität auch immer wieder überraschende Bildideen. Der Bücherstapel, der anlässlich der Frankfurter Buchmesse hier platziert wird, ist ein sehr ungewöhnlicher Blickfang.

Überschrift und Bild. Gute Ideen entstehen oft bei der Formulierung der Überschrift. Wäre bei diesem Beispiel der Rotstift nicht in der Headline vorgekommen, wäre diese plakative Bildidee wahrscheinlich auch nicht entstanden.

Die Bonsai-Koalition. Die Wiener Tageszeitung „Die Presse" betrachtet die neue Regierung Österreichs sehr kritisch. Die beiden Koalitionspartner werden sehr klein abgebildet und darüber steht „Große Koalition". Eine sehr witzige Visualisierung des Themas.

Eine tolle Aktie. Bei diesem Titelbild der „FAZ" hebt Herbie, der tolle Käfer, ab. Die VW-Aktie hat an diesem Tag die 1.000-Euro-Grenze überschritten. Damit war Volkswagen für kurze Zeit das wertvollste Unternehmen der Welt.

VW gesunken. Genau einen Tag nach dem Höhenflug der VW-Aktie hat sie wieder 40 Prozent ihres Wertes verloren. Die passende Darstellung stammt ebenfalls aus einem Spielfilm: „Herbie dreht durch" aus dem Jahr 1980.

30 Jahre Solidarność. Diese Titelseite der polnischen „Gazeta Wyborcza" erschien anlässlich des 30-Jahre-Jubiläums. „Solidarność – dieses Wort verpflichtet" lautet die Überschrift sinngemäß. Der alte Glanz dieser Organisation verblasst und die Farbe blättert ab.

Fantastischer Effekt. Es zeigt sich immer wieder, dass ein Thema durch eine kreative Überschrift zugespitzt werden muss. Dann ist es auch ganz einfach, eine bildliche Darstellung dafür zu finden. Das Logo der SPD steht tatsächlich nur auf dem Kopf.

HANDWERK

Visualisierung Finanzkrise. Die monatlich erscheinende Zeitung „Uptown" nutzt ein halb verbranntes Monopoly-Spielbrett, um das Thema Finanzkrise zu visualisieren. Es ist eine interessante Kombination aus Fotografie und Illustration. Der Weißraum um die Abbildung herum lässt das Ganze besonders wertig erscheinen.

Integrationsprobleme. Bei dieser Titelseite der Wochenzeitung „Falter" geht es um Wiens zweitgrößte Minderheit: die Deutschen. Die Visualisierung ist überdeutlich mit deutscher Flagge und integrationsunwilligem Schäferhund.

Kombination Bild/Headline. „Stürmischer Wind im Vatikan" lautet die Headline dieser katholischen Kirchenzeitung. Dazu passend wird die Flagge des Vatikans vom Winde verweht. Bild und Headline ergänzen sich hier ideal.

Klassiker. Die „VDI nachrichten" ist eine Zeitung für Ingenieure. Sie erscheint im Nordischen Format. Der Bildschnitt beim Aufmacher-Bild in Kombination mit den gut geschnittenen Porträtbildern geben der Seite Spannung.

3-D-Effekt. Um darzustellen, dass Milch mehr und mehr zu einem synthetischen Produkt wird, wird die idyllische Alpenlandschaft mit einer der üblichen Milch-Verpackungen kombiniert. Es ergibt sich ein sehr schöner 3-D-Effekt.

HANDWERK

Die Angst und die Freiheit

Wovor sich Journalisten fürchten, was schlechte Chefredakteure anrichten und wie Freiheit im Journalismus eine bessere Welt schaffen könnte. Kirsten Annette Vogel hat sich als Supervisorin auf Organisationsentwicklung, Teambuilding und Mitarbeiterführung spezialisiert. Seit Jahren begleitet sie persönliche Entwicklungsprozesse von Journalisten.

KIRSTEN ANNETTE VOGEL ist Journalistin mit jahrelanger Führungserfahrung. Sie ist studierte Supervisorin und arbeitet als Coach, Trainerin, Dozentin, Autorin. Seit 2008 ist sie Institutsleiterin des TOP.IfM in Köln. Das Interview mit ihr führte Johann Oberauer.

Als Supervisorin und Trainerin beschäftigen Sie sich seit Jahren mit den Ängsten von Journalisten. Verzeihen Sie, aber wovor fürchten sich denn Journalisten?
   KIRSTEN ANNETTE VOGEL: Menschen haben individuelle Ängste. Nichts wert zu sein, ist eine der größten Ängste in unserer heutigen Zeit, auch bei Journalisten.

Ist diese Angst bei Journalisten stärker als in anderen Berufen?
   Ja, weil man sich in diesem Beruf ständig exhibitionieren muss. Unter Zeitdruck sich mit dem, was man tut, öffentlich macht, nichts zurücknehmen kann. Der Artikel ist erschienen, die Sendung on air. Was ich tat, ist sichtbar, vergleichbar. Wird durch Quotendruck, Klickzahlen und sinkende Auflagenhöhen immer mehr kritisiert, ich werde bei Airchecks und Blattkritik ganz und gar zur Diskussion gestellt. Der Druck, alles schnell abrufen zu müssen, die Angst, bei der Flut der Informationen den Überblick zu verlieren. Das kratzt an jeder Persönlichkeit. Und man denkt: Man sieht mich nicht für das, was ich bin, eigentlich habe ich gar keine Berechtigung, hier zu sein, ich bin nichts wert und daher bin ich auch nichts. Dieses permanente Sich-infragestellen-Müssen, oder es zumindest so zu empfinden, und nicht mehr die Selbst-

verständlichkeit zu haben, es ist schon gut so, wie ich bin. Das ist eine ganz zentrale existenzielle Angst.

Journalisten als die programmierten Opfer von Burn-out?

Burn-out scheint ja ein Massenphänomen zu sein. Jeder Manager steht davor, sagt man so. Und dennoch: Burn-out ist ein schleichender Prozess. Es sind in der Regel meistens kleine Dinge. Die vielen kurzen Krankheitsstände, Schnupfen, Heiserkeit. Morgens fühle ich mich nicht wohl, ich habe nicht genug Kraft, zur Arbeit zu gehen. Sich müde und schlapp fühlen und nicht mehr klar denken können ist eigentlich das, womit wir ständig zu tun haben. Wenn ich zum Beispiel den Nachrichtensprecher nehme, der über 15 Jahre seine Morgenschicht macht, immer pünktlich ist und plötzlich anfängt zu verschlafen, weil ihm das nötige Adrenalin fehlt, eine Sendung zu machen.

Also doch Burn-out?

Erschöpfung, Konzentrationsschwäche, der Mangel, sich auf irgendetwas einzulassen, sich fragmentiert, minderwertig zu fühlen, dazu die stetig erlebte Überforderung, das sind Anzeichen von Burn-out. Oder, um ein anderes Phänomen zu benennen, von Bore-out, das heißt, sich ausgehöhlt zu fühlen. Die gleichen Symptome, aber aus der erlebten Unterforderung. Das haben wir gerade bei hochkreativen Menschen, wenn sich diese nicht entfalten können. Dann müssen sie ständig unter ihren Möglichkeiten arbeiten, ihre Kreativität einsperren. Der Körper muss sich kontinuierlich ein Stück weit abschalten. Es kommt zu Unwohlsein, zu leichten Depressionen, zu Nicht-mehr-Können. Die betroffene Person merkt, ich bin nicht mehr so gut, wie ich eigentlich sein könnte. Dann kommt wieder dieses Minderwertigkeitsgefühl, ich bin nichts, ich kann nichts. Dem folgt ein Unsicherheitsgefühl. Und neue Ängste. Ein Teufelskreis. Ich fühle nicht mehr, was ich kann, ich erfahre mich nicht mehr in meiner Wirksamkeit, ich fühle mich schwach. Wie soll ich da noch in der Konkurrenz, in der Vergleichbarkeit bestehen? Mich in der täglichen Redaktionskonferenz beweisen? Das beste Thema, die beste Geschichte vorschlagen?

Wie kommt es dazu?

Der größte Stressfaktor am Arbeitsplatz ist mangelnde Wertschätzung und Anerkennung. Das ist durch viele Studien über Jahrzehnte bewiesen. Und das hat nichts mit Geld, sondern mit Haltung zu tun. Ein Phänomen, mit dem wir gerade im Journalismus arg zu kämpfen haben.

Sorry, aber übertreiben Sie da nicht ein wenig?

Wie viele Beispiele möchten Sie hören? Alleine von letzter Woche könnte ich Ihnen drei davon aufzählen. Und Sie finden diese in jeder Stadt, in jedem Land.

Sprechen wir von einem Phänomen, das zunimmt?

In meiner Beobachtung nimmt das nun seit etwa drei bis vier Jahren zu. Das hat unter anderem damit zu tun, dass die Informationsbeschaffungsmöglichkeit durch die Neuen Medien eine enorme Beschleunigung erfährt und damit zugleich der Druck, alles im

> „Die betroffene Person merkt, ich bin nicht mehr so gut, wie ich eigentlich sein könnte."

Blick zu haben, nichts zu übersehen und schneller zu sein als die anderen. Das ist das eine Phänomen, und das andere ist, dass aufgrund des betriebswirtschaftlichen Drucks und des Blicks auf Sparpotenziale immer mehr Berater mit vermeintlich betriebswirtschaftlichem Denken gerufen werden, um für Ordnung zu sorgen. Dabei wird die Qualität der Berater häufig nicht hinterfragt, weil die Parameter dafür fehlen. Einzig klar ist oft das Motto „Mit weniger Geld mehr erreichen". Das ist ein eindimensionales Prinzip, das wir an der Stelle gar nicht ansetzen können. Vor allem in der Redaktion nicht. Es gibt so viele Programmberater, die irgendwann mal aus Sendestrecken rausgeflogen sind, weil sie nicht mehr gut waren, und jetzt meinen, Sender oder Verlage beraten zu können. Das ist unsäglich. Diese Leute haben keine Ahnung. Sie haben weder Studien noch die Themen durchdrungen und trotzdem geben sie irgendwelche Larifari-Modelle raus und hoffen, damit irgendetwas zu bewirken.

Ein schönes Feindbild. Auch ein notwendiges?

Es geht nicht um Feindbilder, sondern um ein Phänomen. Es ist natürlich so, dass im Journalismus, in den Medien die Menschen mit einer extrem schnellen und immer schneller werdenden Taktung Informationen verarbeiten, und jede Information wirkt auf den Menschen, verändert ihn. Das, was gestern noch galt, auch in der Verarbeitung von Informationen, gilt heute nicht mehr. Die persönliche Verunsicherung steigt, das Selbstwertgefühl bröckelt. Da steigt der Bedarf nach Beratung, nach einem Strohhalm, nach jemandem, der die Welt wieder zusammensetzt und sagt, so und so geht das jetzt. Und ihnen damit hoffentlich die Angst nimmt.

Wir wollten eigentlich nicht nur über Angst reden, sondern auch über Freiheit.

Ja, über die Freiheit, ohne Zwang entscheiden zu können, Informationen zu sichten, zu selektieren und zu verstehen, und die innere Freiheit, überhaupt Freiheit zu empfinden, wenn ich ein Thema betrachte. Wenn ich auf eine Pressekonferenz losgeschickt werde und schon vorher weiß, welches Statement ich mitzubringen habe, um den nachfolgenden Artikel zu schreiben, hat das nichts mehr damit zu tun, dass ich wirklich hinschauen kann. Freiheit im Journalismus bedeutet, ich fühle mich mit mir und meinen eigenen Themen wohl, ich kenne sie, ich habe keine Angst – nicht um meinen Arbeitsplatz, nicht um meine Kommunikationsstruktur in der Redaktion, nicht davor, dass mein Chef mir möglicherweise unsinnige Anweisungen gibt, dass er kaum Ahnung von Journalismus hat, dass er unfähig wirkt, Menschen in ihrer Entwicklung zu begleiten.

Freie Journalisten, ein schöner Gedanke. Nur mehr jene Geschichten zu machen, die Spaß machen – in einer Redaktion, in der jeder macht, was er will. Meinen Sie das?

Es geht nicht um Geschichten, die Spaß machen, es geht um Arbeit, die Spaß macht. Es geht darum, dass sich persönlich erlebte Freiheit in den Arbeitsprozessen widerspiegelt. Freiheit hat nichts mit Spaßgesellschaft zu tun. Das glaubt man so gerne, dass das die Freiheit ist. Freiheit ist ja nicht Anarchie! Jeder macht, was er will, ohne gemeinsame Leitlinie, ohne gemeinsames Ziel. Das ist völliger Quatsch.

Es ist ganz anders: Solange ich das, was mich stört, was mich aufhält, was mich zurückhält, nicht reflektiere oder durchdringe, schränkt mich das ein, macht es mich unfrei. Freiheit bedeutet, es durchdrungen zu haben und davon loslassen zu können. Freiheit bedeutet, ich verstehe, worum es letztendlich geht. Und dass ich im Arbeitsprozess als Rückhalt eine kompetente Führungskraft habe, die die Fähigkeit hat, bei jedem Einzelnen die Kompetenzen zu erkennen und zu fördern, um dahin zu kommen. Das ist Freiheit. Dir das Gefühl zu geben, wenn ich dir sage, geh und schau dir das Thema an. Unsere Standards sind seriöse Recherche, Vertiefung der einzelnen Quellen, all diese Themen, die wir ja kennen, tausendmal durchdefiniert. Ich weiß, was deine Fähigkeiten sind, und nun schau, was du findest.

Heißt das, dass die meisten Chefredakteure unfähig sind, diese Freiheit zu geben?

Ja. Und zwar unter einer ganz spezifischen Perspektive gesehen. Es gibt hochfähige Chefredakteure, die Themen durchleuchten können, die verstehen, was am Markt nötig ist. Aber wie viele Chefredakteure haben gelernt, Menschen zu führen, zu verstehen, was in Menschen passiert, wenn sie arbeiten, wie Arbeitsstrukturen sind, was gelungene Kommunikation wirklich bedeutet? Wie viele Chefredakteure haben einen souveränen Umgang mit Wertschätzung, die als Grundlage zu verstehen ist, allein neurophysiologisch dafür, dass Menschen Kreativität nutzen können? Wie viele Chefredakteure in Europa sind darin ausgebildet?

Gibt es überhaupt welche?

Wenige, ja. Wenige, die irgendwann einmal verstanden haben, dass die Führung einer Redaktion nicht nur darin besteht, Programmqualität zu definieren, sondern die auch für sich begriffen haben, dass es eine Prozesszufriedenheit geben muss. Bei einem journalistischen Produkt haben wir für gewöhnlich klare Kriterien, die wir anlegen: Ein Beitrag darf so und so lang sein oder so und so viele Zeilen haben, da müssen so viele Informationen genannt werden und so viele Quellen, und fertig. Gut. Dabei wird außer Acht gelassen, wie geht es den Menschen, die das tun? Sind die tatsächlich frei hinzuschauen? Wenn ich ein Thema habe, bei dem ich mit Angst reingehe, innere Ängste, die nicht definiert sind, Unwohlsein – wie soll ich dann einen klaren Blick dafür haben, was wirklich ist. Oder: Wie viele Redakteure kriegen heute eine Pressemitteilung auf den Tisch und schreiben die nur um. Die lesen doch gar nicht mehr, was dahintersteckt. Weil sie unter Zeitdruck stehen. Und wir können noch viele weitere Faktoren aufzählen, aber das ist es gar nicht, worum es geht. Es ist die Haltung. Und diese hat extrem viel zu tun mit den Führungskräften.

Erklären Sie uns das bitte.

Viele Chefredakteure kommen heute aus ihrem eigenen Haus, sind vom Praktikanten zum Volontär, später zum Redakteur geworden, zum Chef vom Dienst,

> „Wenige haben verstanden, dass die Führung einer Redaktion nicht nur darin besteht, Programmqualität zu definieren."

zum Chefredakteur. Die meisten haben nie gelernt querzudenken, was Systeme angeht. Die sind in ihrem System groß geworden, bleiben so und denken immer so weiter. Wir haben momentan so viel menschenunwürdiges Führungsverhalten in den Medien, dass mir graust. Und wie viele Journalisten haben den Mut zu sagen, so wie wir hier behandelt werden, können wir nicht frei arbeiten und frei denken. Und wenn Journalisten sich selbst in ihrem Handeln nicht mehr hinterfragen und in den Systemen nicht mehr schauen, wie das ist, wie wollen die mir erklären, dass sie draußen politische Systeme kritisch beleuchten können. Wie soll das gehen, wenn die nicht mal im eigenen Haus hinschauen können?

In diesem Gespräch hängen wir alles an den Chefredakteuren auf als das personifizierte Böse und das

Üble im Journalismus. Machen wir es uns da nicht zu einfach? Könnte es nicht sein, dass auch die Chefredakteure Angst haben?

Die haben unendlich viel Angst. Ich schaue zum Beispiel einfach nur hin, wie sich Phänomene verbreiten. Gucke ich organisationstheoretisch, sehe ich eine Organisationsform, die das determiniert, was die Führungskraft tut, und das dekliniert sich runter bis zum Einzelnen und wieder zurück. Kommunikationsstörungen, das habe ich mal gesagt, sind hörbar und versenden sich nicht. Ich höre, wenn ein Moderator on air ist, der im Team gemobbt wird, weil der Chefredakteur Angst davor hat, klare Ansagen zu machen. Und dann habe ich eine Kommunikationsstörung, weil der Moderator nicht mehr die Kommunikationshaltung zum Hörer findet. Da ist dann irgendwas schief, das heißt, er selektiert in seiner Wahrnehmung wieder nur einen Teil der Informationen und das geht dann wieder durchdekliniert in die Gesellschaft.

Also nicht die bösen Chefredakteure?

Ich sage nicht, dass die Chefredakteure die Bösen sind. Ich habe sogar ein tiefes Mitgefühl mit denen, weil sie teilweise kaum noch in der Lage sind zu sehen, was sie selbst tun. Und jetzt kommen wir zu dem netten Exkurs mit dem Thema Macht: Wer hat die Macht und was verstehen wir unter Macht? Das Wort Macht kommt ursprünglich von Machen und hat was mit Können zu tun. Und wer kann wirklich, was er tut? Also, wer hat das Machen im Sinne von Verantwortlichkeit? Es gibt Redaktionen, da arbeiten die Mitarbeiter auf Augenhöhe, respektieren einander, kennen die unterschiedlichen Kompetenzen und erleben etwas, was wir kongeniales Zusammenarbeiten nennen. Das heißt, in der Redaktionskonferenz bringt sich jeder zu einem Thema ein, die individuellen Kompetenzen werden gebündelt und jeder tut, was er zu tun hat. In solchen Konferenzen werden Freiräume geschaffen, sodass sich ein jeder entfalten kann.

Schöne neue Welt. Wie viele Redaktionskonferenzen laufen so ab?

Nicht viele. Die meisten dauern eine Stunde oder anderthalb und es geht nichts weiter, weil die Reibung über die Themen ausgetragen wird. Geredet wird aber nicht über das, worum es wirklich geht, nämlich den ganzen Konkurrenzdruck, das Profilierungsverhalten, ich muss besser sein, ich fühle mich unmündig, muss dieses und jenes machen. Führungskräfte, die gut führen, haben mehrere Aspekte im Blick. Die Geschichte, den Einzelnen und die Gruppe in ihrer Dynamik. Also in einem Dreieck gedacht. Und das Ganze natürlich noch nach außen projiziert. Wie erreiche ich meine Hörer, meine Leser. Also in einem viel größeren Kontext angesetzt.

Fein, jetzt haben wir festgestellt, dass auch die Chefredakteure nicht schuld sind, auch sie letztendlich arme Schweine sind. Wer ist es dann, den wir hier ans Kreuz nageln müssen?

Ich würde das jetzt wieder reduzieren wollen auf den jeweils Einzelnen im Bereich des Journalismus. Wenn ich als Moderator, Redakteur, Journalist nicht die Verantwortlichkeit für mich habe, zu sehen, wo in meinem eigenen Umfeld Missstände sind, kann ich nicht den Chefredakteur dafür verantwortlich machen. Ich kann aber da oben ansetzen und sagen: Gut, wenn du die Führungskraft bist, der Chef vom Dienst, der Chefredakteur, brauchst du mehr Kenntnisse als nur die journalistischen. Man braucht ein gewisses Maß an Bildung, um Menschen führen zu können. Und zwar vor dem Hintergrund der Arbeitspsychologie, Organisationstheorie und natürlich auch der Neurowissenschaften. Wir können uns ja nicht auf die Zeit zurückstellen, als es diese Kenntnisse noch nicht gab. Dann kann ich mir die Herausgeber angucken. Ich kann mir die Politiker angucken. Wir können an jeder Stelle ansetzen, weil wir im Mikrokosmos sehen, was auch im Makrokosmos ist. Und ich sehe da auch nicht einen einzelnen Verantwortlichen. Das wäre zu einfach. Es geht um das gesamte Phänomen. Da ist jeder Einzelne gefragt.

Sie machen es uns wirklich nicht einfach. Jetzt sind wir Journalisten auch noch selbst schuld an unserem Leid. War es das?

Fast. Wenn sich der Chef eines Großkonzerns nicht mit Macht auskennt, sondern nur damit, Macht zu missbrauchen, kann ich natürlich sagen, das ist eine auffällige Persönlichkeit, die tut das nur zu ihrem Selbstzweck. Oder ich kann sagen: Was bist du für ein Arsch, du gehörst hier oben nicht hin. Aber bei uns geht es um Medien, um die Vierte Gewalt im Staat. Hier geht es immer noch um die, die Missstände aufdecken könnten. Hier gibt es immer noch Menschen, die angetreten sind, Politik zu hinterfragen und sich nicht in Gefälligkeitsjournalismus zu ergehen. Da kann ich natürlich sagen: Herausgeber, bist du wirklich in der Lage zu tun, was du tun sollst. Ich kann auch bei den Intendanten anfangen. Ich kann aber auch jeden einzelnen Journalisten fragen, wann machst du den Mund auf und sagst, so wie wir das hier tun, ist das nicht sinnvoll, ich habe Angst rauszugehen, ich bin nur dabei, den Ton zu angeln oder irgendetwas zu holen, aber ich kann dabei nicht mehr klar denken, weil ich nicht mehr den Rückhalt habe, es zu tun.

Hurra, es lebe die Revolution. Ist es nicht auch das Geld, das an vielen Ecken fehlt? Oder ist es doch Machtmissbrauch? Oder beides?

Es ist auf jeden Fall beides. Das Argument keine Zeit, kein Geld ist ja eine

FÜHREN UND FÜHREN LASSEN

Zu diesem Thema ist im Verlag Oberauer das Buch „Führung. Macht. Medien." erschienen. „Es geht darum, dass wir die Angst vor der Wahrheit verlieren. Dass wir begreifen, dass jede Art von Führung in Medien Auswirkungen auf unsere Gesellschaft hat. Und es geht darum, dass Journalisten, aber auch deren Führungskräfte den einen Funken Mut in sich selbst wiederentdecken, der Kraft und Energie gibt, Entwicklungen und Veränderungen selbst in die Hand zu nehmen und zu gestalten", schreibt Autorin Kirsten Annette Vogel.
Führung in den Medien ist ein hochkomplexer Prozess. Diesen durchleuchtet das Buch auf unterschiedliche Weise: Es bietet theoretische und vor allem praktische Einblicke. Es lädt ein, sich führen zu lassen und selbst zu führen. Es ermutigt uns alle, sich die Freiheit zum Denken zu geben, zum Reflektieren, Fühlen, Wahrnehmen, Erkennen, Verstehen und Handeln. Es gibt wertvolle Anregungen, Führungsphänomene in den Medien zu verstehen und neu zu gestalten.
Dieses Buch ist unter anderem für Journalisten, Redakteure, Ressortleiter, Chefredakteure, Produzenten, Medienmanager, Geschäftsführer, Verleger und Herausgeber konzipiert. Also für alle.
Das Buch ist im Verlag Oberauer erhältlich:
http://cf.newsroom.de/shop/ oder vertrieb@oberauer.com,
24,90 Euro.

Form von Machtmissbrauch. Das heißt, ich benutze vermeintlich existenzielle Begründungen dafür, dass Menschen in Abhängigkeiten und Unfreiheit kommen. Wenn ich ihnen ständig sage, unser Budget wird zusammengestrichen, dann kann sich jeder Einzelne ausdenken, irgendwann trifft es mich auch. Das löst natürlich Angst aus.

Sie plädieren dafür, dass dieser Beruf Spaß machen muss, damit er erfolgreich gemacht werden kann.

Es geht gar nicht anders. Wenn ich – nochmals neurophysiologisch – frage, wann kommen Menschen an ihre Kreativität, an ihre Fähigkeiten, an ihre Kompetenzen, also wann geht das überhaupt? Dann geht das nur in einem Arbeitsklima mit Wertschätzung, mit Freiheit, bei klaren Rahmenbedingungen – das heißt auch Regeln. Es geht ja nicht um Regelfreiheit, sondern darum, dass ich innerlich durchatmen kann. Das hat mit Zeit nichts zu tun. Es kann innerhalb von einer Stunde so viel passieren. Wenn ich ein Team aufgestellt habe, das störungsfrei arbeitet, dann schafft das innerhalb von eineinhalb Stunden Programmstrecken, so schnell können Sie gar nicht gucken. Die müssen sich nicht mehr aneinander aufreiben, die müssen sich einander nichts mehr beweisen. Die wissen, wo sie stehen und können sich der Sache zuwenden. Man braucht sehr viel weniger Manpower und jeder Einzelne – und das ist das Spannende daran – erfährt sich in seiner eigenen Wirksamkeit. Das heißt, die Menschen sind zufriedener, sind glücklicher, sie leben in einem Wow.

Und wie erlebt man angstfreie Redaktionen? Gehen dort die Menschen mit glänzenden Augen durch die Flure? Halten sie Händchen? Sammeln sie Journalistenpreise?

Nein *(lacht)*. Das Interessante ist, man spürt das vor allem in den Redaktionskonferenzen. Die sind heiterer, effektiver und kürzer. Das ist das eine. Und das andere ist die Fähigkeit, Kritik zu üben im Sinne von: Ich gucke das Produkt an und schaue, was verbessert werden kann. Gute Redaktionen schauen mit einer sehr viel größeren Präzision hin und das macht das ganze Produkt besser. Weil sie lernen zu unterscheiden zwischen den persönlichen Empfindlichkeiten untereinander und dem, was tatsächlich das journalistische Produkt ist. Das Problem, das wir gerade bei Zeitungen und Zeitschriften finden, wenn wir über das Thema Blattkritik sprechen, ist ja der Blick auf den Mangel – was ist nicht gut. Dabei wird immer außer Acht gelassen, was bereits gelungen ist. Das Gute, das Gelungene wird nicht beachtet, also weiß ich auch nicht, dass das einen Wert hat. Im Sinn von Wertschätzung. Und da es keine Beachtung findet, gerät es in Vergessenheit, geht als Qualität verloren. Und ein halbes Jahr später landet es auf der Mangelseite.

Wären Sie eine Zauberfee und könnten den Journalisten drei Wünsche zugestehen, um ihnen Freiheit zu geben, welche wären das, die sie am schnellsten weiterbringen würden?

Ich spreche einmal die Wünsche aus, die jemand haben könnte. Ein Wunsch wäre: Ich möchte professionell gesehen werden für das, was ich kann, und in meinen Kompetenzen geschätzt und gestützt werden. Ich möchte eine klare Leitlinie haben und mit professionellem Handwerkszeug ein Geländer haben, wie wir das wertschätzen, sichern und entwickeln. Ich möchte eine klare Konferenz haben, in der Programmstruktur gemacht wird. Ich möchte zugleich einen klar festgelegten Zeitraum und Ort haben, in dem ich kreativ querdenken kann, in dem alles erlaubt ist, und ich möchte wissen, dass Querdenken und freies Denken und das Aufzeigen von Phänomenen erwünscht ist, bei gleichzeitig hoher Effektivität. Oder, um es anders zu sagen, ich wünsche mir eine hohe Prozess- und Ergebniszufriedenheit, die von allen gesehen wird, mit einer Leitlinie und einer Wertschätzung, die uns gemäß ist und dem, was wir in unserem Haus und unserer Redaktion wollen.

HANDWERK

Illustration: Corbis

Drahtseilakte überm Zuckerwasser der Eitelkeit

Erinnerungen mit Gegenwartswert: Ein Haudegen schreibt auf, was er als junger Reporter gelernt hat. Ein Ex-Lokalredakteur erinnert sich, wie er seinen Lesern zum Jahresende in Glossenform anvertraut hat, was er ihnen immer schon mal sagen wollte. Ein Reporter, der die Ich-Form salonfähig machte, räsoniert über journalistische Selbstentblößung.

ERZÄHL DEINE GESCHICHTE DEM WEISSEN BLATT

FRANZ JOSEF WAGNER

Was ich als junger Reporter lernte:

- Nach Interviews nie im Hausflur mit dem Fotografen reden, weil der Interviewte hören könnte, was er für ein Idiot ist.
- Weder dem Chefredakteur, Ressortleiter, der Freundin die Story erzählen, bevor du sie geschrieben hast. Eine Geschichte, die du erzählt hast, ist nicht mehr Neuschnee. Erzähl sie zuerst dem weißen Blatt Papier.
- Mittags nichts essen. Essen macht müde.
- Beim Schreiben unter Zeitdruck cool bleiben, wer fickerig wird, schreibt fickerige Sätze.

HANDWERK

- Du bist kein Psychologieprofessor, schreib keine Erklärstorys.
- Spesenvorschüsse sofort abrechnen, noch bevor du die Story schreibst. Sie ziehen dir die nicht abgerechneten Spesen vom Gehalt ab. Einmal überwiesen sie mir als Monatsgehalt nur 25 Mark.
- Nie zu lange an dem Einstiegssatz sitzen, du hast dann keine Zeit mehr für die Story. Ich weiß, man will immer mit dem ersten Satz das Blaue vom Himmel holen. Aber es gelingt so selten. Meiner Meinung nach ist dem unbekannten US-Thriller-Autor Ross Thomas der perfekte erste Satz gelungen. Er fängt eine Geschichte mit dem Satz an: „Es begann, wie das Ende der Welt beginnen wird, mit Telefonklingeln um drei Uhr morgens."
- richt zu verhindern. Du bist in dieser Situation ein Schwein, aber ein halbes.

Franz Josef Wagner ist Boulevard-Journalist. Die Passage ist seinem Buch „Brief an Deutschland" entnommen.

„Du bist in dieser Situation ein Schwein, aber ein halbes."

- Verschlampe nie die Unterlagen deiner Recherche, eigene Notizen, Tonbänder, abfotografierte Akten. Wenn sie dich verklagen, musst du dich wehren können.
- Putz nach den Zähnen morgens deine Schuhe. Nichts ist erbärmlicher als ein verwahrloster Reporter.
- Wenn der Chefredakteur will, dass du deine Story umschreibst – falscher Aufbau, das Ende an den Anfang –, tu ihm den Gefallen. Beim dritten Versuch wirf die Story weg. Sie ist giftig.
- Freunde dich nicht mit Interviewpartnern an, solche Interviews werden nie gut.
- Wenn du was Übles über jemanden geschrieben hast, dann ruf ihn vorher an, damit ihn nicht am nächsten Morgen der Schlag trifft. Aber ruf ihn erst an, wenn deine Zeitung/Zeitschrift ausgeliefert ist und er keine Chance hat, die Auslieferung per Ge-

DA MÜSSEN SIE ABER MAL WAS SCHREIBEN

ROBERT DOMES

Wer den Alltag in einer Zeitungsredaktion nicht kennt, stellt sich unsere Arbeit meist so vor: Da sitzt eine Mannschaft aus Redakteuren und hungrigen Reportern um Designerschreibtische, macht sich a) Gedanken über die Welt, überlegt sich b), von welchem Politiker man sich in dieser Woche den Skalp an den Gürtel hängt, ist c) bei allen wichtigen Entscheidungen hautnah dabei, recherchiert sich dann aber d) trotzdem aus höchst konspirativen Quellen seinen Skandal, um dann all die e) heißen, f) tollen, g) wichtigen und h) exzellent formulierten Storys in die Maschine zu hacken, damit uns die Leser noch mehr verehren und die Mächtigen noch mehr fürchten.

So weit die Fantasie. Der Alltag ist viel weniger spektakulär, wenngleich mindestens genauso aufregend. Wären da nicht die unaufgeräumten Schreibtische und zeitweiligen Flüche über den langsamen Computer oder einen auskunftsunwilligen Behördenleiter, man könnte sich angesichts der langen Flure und Aushangbretter auch im Finanzamt wähnen. Es gibt weitere Ähnlichkeiten. Auch wir führen ewige Listen, Laufzettel, zeichnen Umlaufmappen ab und füllen (am beliebtesten) Urlaubsscheine aus. Wir führen Fahrtenbücher, Honorarlisten, Dienstpläne, schreiben Hausmitteilungen und Gesprächsnotizen.

An diesem Punkt spätestens endet die Beamten-Ordnung. Bei uns regiert ein kaum gezügeltes Chaos, das jeden Tag aufs Neue in eine Ausgabe gepresst wird. Manchmal könnte man morgens meinen, Kaufbeuren samt Umland sei in den Tiefschlaf gefallen – absolut nichts los. So mühen wir uns redlich, Themen aufzuspüren. Dann wieder ertrinkt die Mannschaft in einer solchen Flut von Terminen und Artikeln, dass sich der Abdruck mancher Fotos so weit hinauszögert, bis wir Sorge haben, ob die Abgebildeten noch leben.

Wie kommt denn überhaupt ein Artikel in die Zeitung? Der Wege gibt es viele. Zum Beispiel: Ein Redakteur steckt jeden Tag an der gleichen Baustelle im Stau, was das Bauwesen dieser Stadt in einem geharnischten Kommentar büßen muss. Ein andermal nervt uns ein Stadtrat so lange am Telefon, bis wir dem Mann einen klitzekleinen Einspalter gönnen. In der Regel reagieren Journalisten jedoch sehr allergisch auf die Aufforderung: „Da müssen Sie aber mal was schreiben." Kollegen sollen schon auf den Satz „Na, dann schreiben Sie mal einen netten Bericht" in akute Schreibhemmung verfallen sein.

Um dies zu vermeiden, beraumen die meisten Leute, die in die Zeitung wollen, einfach Termine an: Ein Pressegespräch hier, ein Fototermin da, hier eine Scheckübergabe (natürlich für einen guten Zweck), da ein wichtiger politischer Dämmerschoppen.

So rudert der überstundenüberlastete Lokalredakteur durch schwere See und versucht, die Untiefen von Schleichwerbung und Public Relations zu meiden. Gut, dass dabei noch Dinge passieren, über die wir milde grinsen können. Wie etwa über die Versicherung, die uns zur Eröffnung ihres neuen Kaufbeurer Minibüros mit etlichen Anrufen und Einladungen bombardierte. Oder über den Veranstalter, der uns erst einmal aufrechnet, wie viel er für Anzeigen ausgegeben hat. Oder schließlich der Banker, dem der Halbsatz rausrutscht: „Wenn Sie mal was brauchen ..."

Nein danke, wir brauchen nichts. Nein doch, wir brauchen mehr Offenheit und Mut. Denn immer wieder sind wir versucht, den Mut zu verlieren. Wenn zum Beispiel Anrufer über die Müllabfuhr schimpfen, aber ihren Namen nicht zu sagen wagen. Oder wenn Stadträte immer wieder den Stil des Oberbürgermeisters beklagen (in der Hoffnung, die Zeitung werde da schon herumstochern), den Mann aber öffentlich hofieren. Dann tun wir das Schlimmste, was man Politikern und anderen Öffentlichkeitsfetischisten antun kann: Wir schreiben gar nichts!

Robert Domes war 17 Jahre lang Lokalredakteur. Seine Glosse für die Silvester-Ausgabe der „Allgäuer Zeitung" in Kaufbeuren stammt aus dem Jahr 1994.

DARF ICH ICH SAGEN?

RÜDIGER DILLOO

Der Anruf vom „Zeit-Magazin" kam überraschend. „Sie sind doch", sagte der Redakteur, „ein Pionier der journalistischen Selbstentblößung. Sie haben schon vor 40 Jahren in der Ich-Form geschrieben. Damals war das ungewöhnlich, heute ist es normal. Schildern Sie uns doch, wie Sie das sehen, aus dem Blickwinkel von heute." – „Klar, mach ich gern", sagte ich. Erst hinterher dachte ich nach: Ich sollte also meine Selbstentblößung entblößen? War der charmante Auftrag des (vermutlich blutjungen, vermutlich vollständig bekleideten) Kollegen ein Spürchen vergiftet?

Passenderweise hatte ich erst wenige Tage zuvor eine Ich-Reportage aus jener Zeit wieder gelesen – das war die größere Überraschung: Sie kam als E-Mail-Anhang, der sich öffnete wie ein Durchgangsspiegel in die Vergangenheit. Samt Fotos. Von lauter Männern. Entblößt. Bis auf die Unterhosen. Die Geschichte, an die ich ewig nicht mehr gedacht hatte, hieß: Schrei, Mann, wenn du kannst! Sie war 1976 erschienen, ich hatte darin das therapeutische Wochenende einer jener Männergruppen geschildert, die damals als Echo der Frauenbewegung entstanden waren. Der Zeitverlag, hieß es in der E-Mail, wolle den Artikel in einem Buch zum 40-Jahre-Magazin-Jubiläum noch mal drucken; ob ich zur Klärung der Rechte die Kontaktdaten der Fotografierten noch hätte? Nein, hatte ich nicht mehr. Aber sonst fiel mir alles wieder ein. Wie ich dort am ersten Tag in der üblichen Reporterrolle herumgestanden hatte, cool, calm and collected, Schreibblock in der Hand. Und wie sie mich dann am zweiten Tag samt meinem Panzer zerlegt hatten, die zehn Männergruppenmänner, bis auch der Journalist in der Unterhose dastand, wörtlich (weiß, ohne Eingriff) und metaphorisch (verletzlich, wie alle anderen). Distanzverlust, Kontrollverlust. Gruppengefühl, Glücksgefühl, Grenzerfahrung. In den gesellschaftsverändernden 70er-Jahren gab es journalistische Themen, über die schrieb man mit Ich-Einsatz oder ließ die Finger davon. Das war eine Frage des Anstands, fand ich, wie beim Baden am FKK-Strand: wenn, dann nackt.

Voraussetzung war eine Redaktion, die sich den subjektiven Blick traute. Als ich 1963 mit dem Beruf anfing, erschien man auch als Volontär bei der „Welt" täglich mit Krawatte und Sakko; die erste Person in einem Artikel wäre so deplatziert gewesen wie ein T-Shirt in der Konferenz; „Objektivität" war das Maß der Dinge. Kaum fünf Jahre später sah die Welt bekanntlich sehr anders aus (die „Welt" allerdings nicht), und 1968 tippte ich für die Zeitschrift „Twen" zum ersten Mal „ich". Gar nicht so einfach! Bei den Schreibern des New Journalism, wie Tom Wolfe und Hunter Thompson, den Rolling-Stone-Reportern, die wir bewunderten, wirkte die subjektive Sprache so natürlich. Probierte man sie selbst, merkte man schnell, dass sie ein Drahtseilakt ist überm Zuckerwasser der Eitelkeit. Noch heute beneide ich in schwachen Momenten die „objektiven", lebenslang gleichsam egolosen Kollegen, die sich beim Schreiben nie mit der Frage plagen müssen: Ist „ich" jetzt eitel? Und schon bei „Twen" hatte ich den heute zeittypischen Facebook-Moment, wenn eine Selbstentblößung nachträglich peinlich wird: „Ich will in Kuba leben", posaunte die „Twen"-Titelseite, nachdem ich 69 über das Glück gemeinsamen Revolutionsliedersingens mit Studenten bei sonntäglicher Feldarbeit und derlei Erlebnisse berichtet hatte. Bald danach waren die brutalen Seiten der Castro-Diktatur nicht mehr zu beschönigen. Und ich schämte mich meiner Naivität.

Die jungen Magazine fingen damit an. Die großen grauen Seiten zogen teilweise nach. War in der „Zeit" Fritz J. Raddatz der Erste? Jedenfalls erinnere ich mich, dass das Ich (seines) im Feuilleton (seinem) damals geradezu schockierend wirkte, so ungewöhnlich war es in der Umgebung. Mir ermöglichte diese Zeitung um 1980 zwei autobiografische Serien (über das Leben in einer Landkommune und als Alp-Saisonarbeiter); Anfang der 90er-Jahre schrieb ich im Magazin die Kolumnen „Hausmanns Dilemma" und „Twosixtyone Broadway". Schön war das. Ich lernte die Freuden der weitverbreiteten Selbstdarstellung kennen, bis hin zu spontanen Leser(innen)-Besuchen vor der Haustür. Ich öffnete gern.

Persönliche Kolumnen sind heute in allen Ressorts beliebt, es twittert „ichichich" in den Medien so laut wie der Starenschwarm auf dem Leitungsdraht. Gut so. Der Seriositätsjournalismus kommt nicht mehr so hüftsteif daher. Dafür fällt er schneller mal auf den Hosenboden. In Sachtexten ist das Ich natürlich schwieriger zu handhaben als das autobiografische Kolumnen-Ich: Letzteres versteht sich von selbst, Ersteres muss sich begründen. Das Ich ist sinnvoll, wenn es der Sachdarstellung ebenso nützt wie der (Selbst-)Erkenntnis des Lesers, wenn der Autor es menscheln lässt, ohne im Geringsten aufdringlich zu werden. Bringt das Ich dem Leser nichts, wirkt es aufdringlich. Da beschaut ein Journalist nur seinen Nabel und findet dessen Entzündung mitteilenswert.

Hm. Meiner juckt auch so komisch, fällt mir auf. Ich geh mal ins Badezimmer. Ich seh mal nach. Wollen Sie mitkommen, geschätzte Leser? Nein? Hab ich mir, als Pionier der journalistischen Selbstentblößung, schon gedacht.

Rüdiger Dilloo war vor 40 Jahren einer der ersten Autoren, die sehr viel über sich erzählten. Für die Jubiläumsausgabe des „Zeit-Magazins" hat der Pionier zurückgeblickt.

Aus dem Verlagsprogramm

Komplettprogramm der lieferbaren Publikationen unter www.newsroom.de/shop oder +43/6225/2700-0

MEDIENFACHVERLAG OBERAUER | Johann Oberauer GmbH | Fliederweg 4, A-5301 Salzburg-Eugendorf | **www.oberauer.com**

Impressum

Salzburg 2011
Redaktion: Dieter Golombek, Johann Oberauer, Georg Taitl
Verlag: Johann Oberauer GmbH
Fliederweg 4
A-5301 Salzburg-Eugendorf
Tel. +43/6225/27 00-0
Fax +43/6225/27 00-44
E-Mail: vertrieb@oberauer.com
Korrektorat: Christine Maria Lieber
Marketing: Maria Maller
Produktion: Britta Wienroither
Druck: Roser, Salzburg
ISBN 978-3-901227-36-3